CW00362142

EDUCATION AND LANGUAGE STUDIES: LEVEL 1

Ouverture: a fresh start in French

Les circuits économi

This publication forms part of the Open University course L120 *Ouverture: a fresh start in French*. The complete list of texts which make up this course can be found at the back. Details of this and other Open University courses can be obtained from the Call Centre, PO Box 724, The Open University, Milton Keynes MK7 6ZS, United Kingdom: tel. +44 (0)1908 653231, e-mail ces-gen@open.ac.uk

Alternatively, you may visit the Open University website at http://www.open.ac.uk where you can learn more about the wide range of courses and packs offered at all levels by The Open University.

To purchase this publication or other components of Open University courses, contact Open University Worldwide Ltd, The Berrill Building, Walton Hall, Milton Keynes MK7 6AA, United Kingdom: tel. +44 (0)1908 858785; fax +44 (0)1908 858787; e-mail ouwenq@open.ac.uk; website http://www.ouw.co.uk

The Open University
Walton Hall, Milton Keynes
MK7 6AA

First published 2002.

Copyright © 2002 The Open University

All rights reserved. No part of this publication may be reproduced, stored in a retrieval system, transmitted or utilized in any form or by any means, electronic, mechanical, photocopying, recording or otherwise, without written permission from the publisher or a licence from the Copyright Licensing Agency Ltd. Details of such licences (for reprographic reproduction) may be obtained from the Copyright Licensing Agency Ltd of 90 Tottenham Court Road, London W1P 0LP.

Edited, designed and typeset by The Open University.

Printed and bound in the United Kingdom by the Alden Group, Oxford.

ISBN 0 7492 7478 6

2.1

Contents

L120 course team

Open University team

Ghislaine Adams (course manager)
Graham Bishop (course team chair)
Martin Brazier (designer)
Ann Breeds (course secretary)
Dorothy Calderwood (editor)
Ann Carter (print buying coordinator)
Jonathan Davies (design group co-ordinator)
Rachel Fryer (production and presentation administrator)
Janis Gilbert (graphic artist)
Bernard Haezewindt (team member, author of Book 2)
Elaine Haviland (editor)
Pam Higgins (designer)
Mike Levers (photographer)
Tara Marshall (print buying co-ordinator)
Frances Morley (team member)
Hélène Mulphin (team member, author of Book 1, co-author of Book 3)
Linda Murphy (team member, academic adviser)
Liz Rabone (editor)
Christine Sadler (course secretary)
Peregrine Stevenson (team member, co-author of Book 3)

BBC production team

Judy Collins (production assistant)
Marion Cowan (production assistant)
Jacqui Habgood (production assistant)
Jack Leathem (producer)
Claire Sandry (producer)

External Assessor

Elspeth Broady (Principal Lecturer, School of Languages, University of Brighton)

Critical readers

Sandra Taylor and Anne Woolmer (Book 1); Fiona Rogers and Janette Troska (Book 2); David Brown, Annie Eardley and Janet Griffin (Book 3)

With thanks to Françoise Vrabel (index).

Acknowledgements

Grateful acknowledgement is made to the following sources for permission to reproduce material in this book:

Text

Page 33: Gauthier, U. (1998) 'Proxémie, proxémie, est-ce que j'ai une tête de proxémie?', *Le Nouvel Observateur*, septembre 1998; pages 57–8: 'Vivre avec le SMIC' *l'Humanité*, 19 septembre 1998; pages 82–3: Gros, M.-J. (2000) 'Chronique de la vie de bureau. Jamais sans mon portable', © *Libération*, 31 January; pages 90, 101–2: Mermet, G. (1998) *Francoscopie 1999* © Larousse-Bordas; page 117: Bateman, L. (2000) 'Scènes de harcèlement ordinaire', *l'Humanité*, 16 Febuary; pages 122–3: Haguenauer, F. (2000) 'La retraite en chantant', *l'Humanité*, 25 February; pages 124–6: Challiol, B. 'De la jungle à la zone franche', *Challenges*, **132**.

Photographs/Illustrations

Page 22: Musées du Château des Ducs de Bretagne, Nantes; pages 26, 32, 63, 81, 87, 94, 129, 131 (right), 132, 136 (top left): Hélène Mulphin; page 31: Mike Levers/Open University.

Every effort has been made to trace all copyright owners, but if any have been inadvertently overlooked, the publishers will be pleased to make the necessary arrangements at the first opportunity.

Introduction

Welcome to the third book of the Level 1 French course *Ouverture: a fresh start in French*. This book further develops your knowledge of the French language and French culture, along with the study skills necessary to support your learning.

In order to help you to organize your studies, each section begins with a detailed study chart that tells you how long you are likely to need to study a particular section and what you should have achieved by the end of that section. It also lists the key points for each activity. This is to help you if you need to check up on a specific point or when you come to revise.

Further details of how to get the most out of this course and advice on study skills are contained in the Course Guide, which we suggest you read carefully before starting your study.

Your learning of the French language, set in the context of the culture and traditions of France, continues with an exploration of the theme of people and the economy, in particular the consumer society – with some of its pitfalls and inequalities – and the world of work. In Part 1, *Marketing et consommation*, we take a look at marketing and advertising in France, the pros and cons of supermarkets and small local shops, credit cards and consumer debt. In the second part of the book, *L'univers du travail*, you will be able to practise communicating by telephone, letter and e-mail. We talk to various people about their jobs and what they like or dislike about them and look at considerations in choosing a career. We look at earnings and at the issues of discrimination in the workplace, and predictions of future trends in the world of work. We explore the subject of industrial relations in France and finally, look at the issues of unemployment and urban regeneration. We visit two organizations which, in slightly different ways, are bringing their own solutions to the problems of social exclusion and contributing to the development of individuals and the community.

Key to icons

 Video

 Activities CD

 Language, grammar and pronunciation

 Study skills and learning strategies

 Notebook

Marketing et consommation

1 Stratégies de vente

Study chart

Topic	Activity	Resource	Key points	✔
1.1 *Les biscuits BN* (40 mins)	1	Video	• Watching a video for information about a product	
1.2 *L'art du packaging* (6 h 15)	2	Video	• Watching a video for information about marketing	
	3	Audio (*Extrait 1*)	• Describing a favourite product	
			• Making an oral presentation	
Using the pronoun *en* (I): with expressions of quantity				
	4		• Using *en* with expressions of quantity	
	5	Audio (*Extrait 2*)	• Using *en* with expressions of quantity orally	
Using the pronoun *en* (II): with numbers and some pronouns				
Using mind-maps				
	6	Audio (*Extrait 3*)	• Using *en* with numbers and some pronouns	
Using the pronoun *en* (III): with verbs and expressions followed by *de*				
	7	Audio (*Extrait 4*)	• Using *en* with verbs and expressions followed by *de*	
Talking about the past				
	8	Audio (*Extrait 5*)	• Recognizing the imperfect tense and *en* with verbs and expressions followed by *de*, used to talk about the past	
	9	Audio (*Extrait 6*)	• Using the imperfect tense and *en* with verbs and expressions followed by *de* to talk about the past	

Topic	Activity	Resource	Key points	✔
1.3 *Affiches publicitaires* (1 h 45)	10	Audio (*Extrait* 7)	• Listening for the sound [ø] and identifying words which contain it	
			• Practising the pronunciation of [ø]	
	11		• Revising the imperfect tense and certain expressions used for reminiscing	
	12		• Writing introductions and conclusions	
			• Describing something which you remember	

Learning outcomes

By the end of this section you should be able to:

- use the pronoun *en* orally and in writing;

- recognize and pronounce the sound [ø];

- understand and use the language of marketing;

- write in a structured way about your memories, using the imperfect tense.

Dans cette section du livre, vous étudiez une séquence vidéo qui vous présente l'histoire d'une entreprise française, de ses produits et des stratégies que cette société a adoptées pour les commercialiser.

1.1 Les biscuits BN

Cette section commence par un reportage sur la Biscuiterie Nantaise (BN), qui fabrique une gamme de biscuits célèbres dans toute la France. Dans la séquence vidéo que vous allez regarder, le directeur de l'usine de la Biscuiterie Nantaise explique: 'Tous les enfants, quelles que soient les couches sociales dont ils sont issus, consomment ou ont consommé du Choco BN. Ça fait partie de la culture basique du Français.' Alors, ces biscuits BN, qu'ont-ils de si spécial, pour faire partie de la culture française?

Activité 1 🖵 LES BISCUITS BN 00:06–03:38

- Watching a video for information about a product

1 Pour vous faire une idée générale de ce qu'est la Biscuiterie Nantaise, regardez la séquence vidéo une première fois, en vous concentrant sur les images.

2 Répondez aux questions (a) à (c) en une vingtaine de mots, en donnant les détails que vous avez remarqués.

(a) La Biscuiterie Nantaise est-elle une société récente?

(b) À votre avis, l'usine est-elle un endroit de travail agréable?

(c) Qui consomme la plupart des biscuits BN?

3   Pour vous préparer à mieux comprendre la séquence vidéo, faites correspondre chacune des expressions ci-dessous à son équivalent anglais.

(a) l'atelier de fabrication	(i) range
(b) la chaîne de fabrication	(ii) we target
(c) à plein rendement	(iii) production line
(d) nous réalisons	(iv) filled (with chocolate, for example)
(e) la gamme	(v) factory floor
(f) nous ciblons	(vi) we produce
(g) fourrés	(vii) at full capacity

4   Regardez de nouveau la séquence vidéo, et répondez aux questions suivantes.

(a) Quels sont les premiers biscuits qui ont été fabriqués, et pourquoi?

(b) Quand est-ce que la Biscuiterie Nantaise a produit des biscuits de luxe, et pour qui?

(c) En quelle année est-ce qu'on a créé le Choco BN?

(d) Qu'est-ce qu'il y a entre les deux biscuits?

(e) La chaîne de fabrication tourne combien d'heures par jour?

(f) Pourquoi est-ce que le directeur de l'usine évoque la distance de la Terre à la Lune?

(g) Parmi la population française, quels sont les trois groupes d'âge que la société BN cible en particulier?

1.2   L'art du packaging

Dans la séquence vidéo qui suit, vous allez étudier le rôle du packaging dans les stratégies de vente de la société. Vous verrez que la photo de Yannick Noah, ancien joueur de tennis célèbre en France à une certaine époque, apparaît sur un des paquets. Il a prêté son nom à une campagne publicitaire BN, qui a rapporté de l'argent à un organisme caritatif, Les Enfants de la Terre, fondé par sa mère. Le dessin du petit garçon qu'on a mis à côté de la photo de Yannick Noah peut vous surprendre un peu: en France, on n'est peut-être pas aussi conscient des stéréotypes que dans les pays anglophones.

Activité 2 🖵 L'ART DU PACKAGING 03:39–06:03

• Watching a video for information about marketing

1 Regardez la séquence vidéo une première fois pour comprendre le sens général de la conversation.

2 Ensuite, regardez-la de nouveau pour répondre aux questions ci-dessous.

(a) Est-ce que le reporter connaît déjà les biscuits BN?

   (i)   Non, pas du tout. ☐
   (ii) Il se les rappelle vaguement. ☐
   (iii) Oui, très bien. ☑

(b) Quels sont les **deux** faits qui semblent surprendre le reporter?

   (i)   Les Chocos BN datent d'il y a longtemps. ☑ ✓
   (ii) Le directeur de l'usine est très sentimental. ☐
   (iii) Il y a tant d'emballages différents. ☑
   (iv) La photo de Yannick Noah apparaît sur un paquet
         de biscuits. ☑ ✓

(c) Quels consommateurs sont ciblés?

   (i)   uniquement les enfants ☐
   (ii) uniquement les adultes ☐
   (iii) surtout les enfants, mais aussi certains adultes ☑

3 Faites correspondre les termes français, tirés de l'interview, avec leurs équivalents anglais.

(a) ému	(i) packaging
(b) se rapproche le plus de	(ii) to package
(c) lancé	(iii) to take into account
(d) habillages	(iv) smooth
(e) renouvelés	(v) launched
(f) tenir compte de	(vi) is closest to
(g) l'attente de nos consommateurs	(vii) designed
(h) on évoque	(viii) revamped
(i) conçu	(ix) which melts in the mouth
(j) conditionner	(x) our customers' expectations
(k) fondant	(xi) touched
(l) moelleux	(xii) we are suggesting

4   Lisez les questions suivantes. Ensuite, regardez de nouveau la séquence vidéo et répondez aux questions en faisant des phrases complètes.

   (a) Quelle est la réaction initiale du reporter en voyant le premier paquet, et quelle en est la raison?

   (b) Est-ce qu'il aimait ces biscuits quand il était enfant? Expliquez votre réponse.

   (c) Quand est-ce que la biscuiterie a lancé le premier Choco BN?

   (d) Quelle est la fréquence des changements de l'emballage des biscuits? Pourquoi est-ce qu'on le change?

   (e) En quoi est-ce que Choc Cœur est différent du Choco BN?

   (f) Pour qui est le Choc Cœur?

   (g) Qu'est-ce que l'image du cœur évoque?

Activité 3 EXTRAIT 1

- Describing a favourite product
- Making an oral presentation

1   Vous allez faire une présentation orale d'une minute. D'abord, préparez par écrit à l'aide de notes brèves la description d'un produit – aliment ou boisson – que vous aimez particulièrement. Voici un plan que vous pouvez suivre.

   • Dites pourquoi ce produit vous plaît.

   • Décrivez son emballage.

   • Est-ce un produit pour enfants ou pour adultes? Expliquez comment vous le savez.

Vous pouvez bien sûr réutiliser le vocabulaire que vous venez d'apprendre.

2   Enregistrez votre présentation.

3   Écoutez l'extrait 1, où Antoine nous décrit un produit qu'il aime particulièrement.

G1   **Using the pronoun 'en' (I): with expressions of quantity**

Look at the following examples of the use of the pronoun *en* (the first one comes from the last video sequence). Like all pronouns, *en* stands for a word or phrase which has previously been mentioned. In the right-hand column of the table opposite you will find the phrases which *en* stands for in these examples (shown in bold). What do all three have in common?

Example	The expression which *en* stands for
… là je vois un paquet de Chocos BN, et comme tout petit Français, j'ai dû **en** manger des milliers et des milliers quand j'étais enfant. *… here I see a packet of Chocos BN, and like every French child, I must have eaten thousands of them when I was a child.*	J'ai dû manger des milliers **de Chocos BN**.
– Il y a du chocolat dans ces biscuits? – Il y **en** a un peu. *– Is there any chocolate in these biscuits?* *– There is a little.*	Il y a un peu **de chocolat**.
– Vous aviez beaucoup d'amis au lycée? – J'**en** avais énormément. *– Did you have many friends at school?* *– I had a lot.*	J'avais énormément **d'amis**.

Essentially, *en* stands for *de/du/de la/des* + noun. In each of these examples, *en* is used in combination with an expression of quantity (*des milliers, un peu, énormément*) and refers to what the quantity under discussion consists of (a quantity of Choco biscuits, a quantity of chocolate, a quantity of friends).

When using *en*, place it immediately before the **verb** (and, in the **perfect tense** before the **auxiliary** *avoir* or *être*):

> – Est-ce qu'il reste assez de bois?
> – Oui, il en reste assez pour ce soir.
> – *Is there enough wood left?*
> – *Yes, there is enough left for this evening.*

> – Tu as trouvé des asperges?
> – Oui, j'en ai acheté un kilo.
> – *Did you find any asparagus?*
> – *Yes, I bought a kilo.*

> – Il y a suffisamment de place pour mes livres sur l'étagère?
> – Il y en a assez, s'ils ne sont pas très gros.
> – *Is there enough room for my books on the shelf?*
> – *There's enough, if they're not very big.*

> – Tu veux du thé?
> – Non merci, j'en ai déjà bu ce matin.
> – *Do you want some tea?*
> – *No thanks, I've already had some this morning.*

The exception to this is when you're giving positive commands, for example:

> – Je peux emporter quelques brochures pour les distribuer
>   à mes collègues?
> – Bien sûr, prenez-en une vingtaine.
> – *May I take a few brochures away to give out to my*
>   *colleagues?*
> – *Of course, take about twenty or so.*

With negative commands, *en* is in its normal position before the verb:

> N'en parlons pas!
> *Let's not talk about it!*
>
> Le lait a tourné – n'en bois pas!
> *The milk's gone off – don't drink any!*

Activité 4

- Using *en* with
  expressions of
  quantity

Dans les dialogues ci-dessous, remplacez les mots en caractères gras par 'en'. N'oubliez pas que 'en' est placé **devant** le verbe ou l'auxiliaire.

Exemple

> – Nous avons vu des douzaines de petites grenouilles
>   près de la rivière.
>
> – Nous aussi, nous avons vu des dizaines **de petites**
>   **grenouilles.**
>
> Nous aussi, nous **en** avons vu des dizaines.

1   Nous adorions les Chocos BN quand nous étions enfants.

   Nous aussi, nous mangions des paquets entiers **de Chocos BN** au goûter.

2   J'ai vu énormément de méduses dans l'eau.

   Nous aussi, on a vu des quantités incroyables **de méduses**.

3   Je dois essayer de boire moins de café.

   Moi aussi, je bois trop **de café**.

4   Notre société fabrique toute une gamme de produits pour enfants.

   Nous aussi, nous fabriquons beaucoup **de produits pour enfants**.

5   Nous avons tant de fraises cette année!

   Moi aussi, j'ai tant **de fraises** que je vais devoir faire des kilos de confiture!

`Activité 5` 🔘 EXTRAIT 2

• Using *en* with
expressions of
quantity orally

1   Complétez les dialogues en utilisant les indications entre parenthèses,
et en employant 'en'.

   Exemple

   –   J'adore les films de science-fiction. J'en ai vu des
       centaines – et vous?

       (moi aussi – voir – beaucoup)

   –   *Moi aussi, j'en ai vu beaucoup.*

   (a) –   Quel monde il y a à Aix aujourd'hui! Il y a beaucoup de
           touristes chez vous aussi, l'été?

       –   (chez nous aussi – Oxford – énormément)

   (b) –   La tempête a frappé dur, ici – on a perdu une vingtaine d'arbres.
           C'était pareil chez vous?

       –   (nous aussi – on – perdre – pas mal)

   (c) –   Loïc, tu veux encore du café?

       –   (oui, merci – vouloir bien – un peu)

   (d) –   Nous avons trouvé toutes sortes de champignons dans les bois.
           Vous aussi?

       –   (nous aussi – on – trouver – une grande variété)

   (e) –   J'ai vu des papillons partout, hier après-midi. Tu les as
           remarqués?

       –   (oui, moi aussi – voir des dizaines)

   (f) –   Bonjour, monsieur. Est-ce qu'il vous reste des bougies?

       –   (désolé, madame – ne plus avoir)

2   Écoutez l'extrait 2 et participez maintenant à ces mêmes dialogues à
l'oral, sans regarder ce que vous venez d'écrire.

G2   **Using the pronoun 'en' (II): with numbers and some
pronouns**

With numbers

En can replace the noun when you are using numbers. For example, if
you ask a colleague, *'Est-ce que vous avez envoyé tous les prospectus?'*,
they might repeat the noun in their answer (*J'ai envoyé à peu près dix
prospectus*) but are more likely to say:

   J'**en** ai envoyé dix, à peu près.
   I've sent about ten (of them).

Here is another example:

– Elle a vu ses cousins suisses quand elle est allée à Lausanne?

– Elle **en** a vu **deux**, les autres n'étaient pas là.
She saw two of them, the others weren't there.

With 'certain(e)s', 'plusieurs', 'quelques-un(e)s', 'un(e) autre' and 'aucun(e)'

En can also be used with these pronouns. They all express quantity, although in these instances the quantity is indeterminate. Here are a few examples:

– Il faut acheter des pommes?

– Oui, je vais **en** prendre **quelques-unes.**
Yes, I'll get a few.

– J'aime beaucoup ces petits gâteaux que tu as faits.

– Tu **en** veux **un autre**?
Do you want another one?

– Tu vois une solution, toi?

– Non, je n'en vois aucune.
No, I can't see one.

1 Using mind-maps

You may already have started a section dealing with *en* in your Notebook. Some people find it more helpful to note things graphically rather than making a list. You could try drawing a mind-map or 'spidergram' with the examples you have seen so far. You might remember them better if you adapt them to your own circumstances. Here is one way to start:

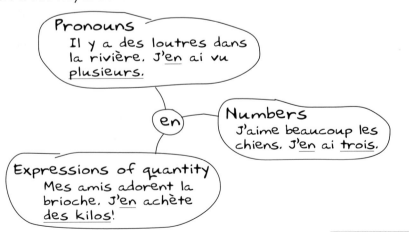

Activité 6 ⊙ EXTRAIT 3

1 Complétez les dialogues suivants en reconstituant les phrases entre parenthèses.

(a) – Il a acheté combien de boîtes de chocolats, ce monsieur?

  – (acheté – il – six – a – en – enfant – chaque – une – pour)

(b) – J'ai envoyé au moins trente cartes de vœux pour le premier janvier. Et toi?

  – (envoyé – j' – trois – ai – en)

(c) – Vous connaissez très bien tous vos voisins?

  – (quelques-uns – bien – connais – en – j' – très)

(d) – Est-ce qu'il reste du café dans la boîte?

  – (reste – il – oui – peu – en – un)

(e) – Vous voulez du vin rouge?

  – (j' – bien – verre – un – en – petit – veux)

(f) – Vous voyez l'avantage de garder des vieux journaux à la maison?

  – (aucun – personnellement – vois – n' – je – en)

2 Écoutez l'extrait 3, et donnez maintenant les mêmes réponses à l'oral.

G3 **Using the pronoun 'en' (III): with verbs and expressions followed by 'de'**

Look at the table below and note the pattern shown in the right-hand column.

Example	Expression which 'en' stands for in bold, infinitive of verb in brackets
Quand j'étais petit, j'avais peur du noir et je crois que j'en ai encore peur. *When I was little, I was afraid of the dark and I think I still am.*	J'ai encore peur **du noir**. (avoir peur de)
Ne fais pas la vaisselle, je m'en occupe. *Don't do the washing up, I'll take care of it.*	Je m'occupe **de la vaisselle**. (s'occuper de)
Mon premier voyage à Rome, je m'en souviens comme si c'était hier. *My first visit to Rome? I remember it as if it were yesterday.*	Je me souviens **de mon premier voyage à Rome**. (se souvenir de)

The pattern is that the verbs (or expressions containing verbs) in the right-hand column are followed by *de*. In French many verbs are followed by *de* and a noun or pronoun. Some, such as *avoir peur de* or *s'occuper de,* have parallels in English: 'to be afraid **of**', 'to take care **of**'. Remembering that *en* is the equivalent of 'of it/of them' will help you to use these verbs and expressions correctly.

However, the English equivalents of other verbs and expressions followed by *de* in French have very different constructions, and you will need to pay particular attention to them. One way to help yourself remember them is to note down any examples you come across and, on a regular basis, to try to retranslate them into French from the English. Here are a few very common ones for you to start a list in your Notebook:

remercier quelqu'un **de** quelque chose
to thank someone for something

s'excuser **de** quelque chose
to apologize for something

se souvenir **de** quelque chose
to remember something

se contenter **de** quelque chose
to make do with something, be happy with something

parler **de** quelque chose
to talk about something

se servir **de** quelque chose
to use something

avoir besoin **de** quelque chose
to need something

avoir envie **de** quelque chose
to want/to feel like something

avoir horreur **de** quelque chose
to detest something

Here are some sentences using these verbs and expressions and *en*:

J'ai reçu votre lettre la semaine dernière et je vous **en** remercie. Je n'ai pas pu vous répondre plus tôt et je m'**en** excuse.
Thank you for your letter, which I received last week. I apologize for not replying earlier.

Votre première maison, vous vous **en** souvenez bien?
What about your first house? Do you remember it well?

Son appartement n'est pas très grand, mais elle s'**en** contente.
Her flat is not very large, but she is happy with it.

Mes conditions de travail, je préfère ne pas **en** parler.
My working conditions? I'd rather not talk about them.

Ton vélo, tu t'**en** sers en ce moment? Tu **en** as vraiment besoin?
What about your bike, are you using it at the moment? Do you really need it?

Je vais acheter un caméscope. J'**en** ai envie depuis longtemps.
I'm going to buy a camcorder. I've wanted one for a long time.

Activité 7   EXTRAIT 4

- Using *en* with verbs and expressions followed by *de*

1 Étudiez le scénario suivant.

> Vous avez récemment visité une entreprise française, la Sogepa, qui produit des pâtes. Vous avez discuté de leurs projets d'expansion sur le marché britannique. Vous avez parlé avec John Hennessy, responsable de la campagne publicitaire en Grande-Bretagne. La Sogepa vous a envoyé une documentation très utile: vous vous en êtes servi(e). Vous avez maintenant tous les documents nécessaires.

2 Le directeur de la Sogepa vous téléphone pour vous poser quelques questions. Répondez en employant les verbes donnés dans l'encadré ci-dessous et le pronom 'en'.

> avoir besoin • remercier • parler • se servir • se souvenir
> • s'occuper

Exemple

LE DIRECTEUR Vous vous souvenez de notre discussion du mois dernier?

Ah oui, je m'en souviens, bien sûr.

(a) Vous avez parlé de la campagne publicitaire avec Monsieur Hennessy?

(b) À propos, avez-vous reçu notre documentation?

(c) Est-ce qu'elle vous a été utile?

(d) Et avez-vous besoin d'autres documents?

3 Écoutez l'extrait 4 et répondez à ces mêmes questions en suivant les suggestions et sans regarder vos notes.

G 4 Talking about the past

In the video sequence you watched in Activities 1 and 2, the reporter stated the **period of time** he was referring to (*quand j'étais enfant*) when he talked about the past. He also mentioned that he could not quite **remember** if there were photographs on the packets (*je ne me souviens plus si…*) and described his **feelings** (*je suis un petit peu ému*). We have listed a few more expressions you can use under these three categories:

1 Stating the period of time

Quand j'étais tout petit/toute petite…
When I was a little child…

Quand j'étais jeune/Dans ma jeunesse…
When I was young…

À l'époque/À cette époque/En ce temps-là…
At the time/at that time…

2 Stating what you remember (or don't!)

Je vois encore/J'entends encore/Je sens encore…
I can still see/hear/smell…

Je me rappelle son apparence!
I remember his appearance!

Je me souviens **de** cela comme si c'était hier.
I remember it as if it were yesterday.

Si j'ai bonne mémoire…
If my memory serves me well…

Je ne m'en souviens plus du tout.
I don't remember that at all any more.

Je perds la mémoire.
I'm losing my memory.

J'ai très mauvaise mémoire.
I have a very bad memory.

3 Describing your feelings

J'étais très heureux (heureuse) / triste / nerveux (nerveuse).
I was very happy/sad/edgy.

C'était le bon (vieux) temps!
Those were the good old days!

Cela évoque pour moi…
For me it conjures up…

Ce sont des souvenirs merveilleux.
They are wonderful memories.

Je ne voudrais pas revivre cette époque de ma vie.
I wouldn't want to go through that period of my life again.

Note that, when he talks about what used to happen, the reporter uses the **imperfect tense** (*sur le paquet que moi je **consommais** quand **j'étais** enfant, je ne me souviens plus s'il y **avait** des photos*). If you need to revise this, see Book 1 and your grammar book.

Activité 8 ⊙ EXTRAIT 5

• Recognizing the imperfect tense and *en* with verbs and expressions followed by *de*, used to talk about the past

1 Trois septuagénaires (des personnes de plus de soixante-dix ans) discutent du 'bon vieux temps'. Au début, Raymond, Thérèse et Yves sont tous du même avis: la société de consommation, avant, ça n'existait pas! Mais, vers la fin, Thérèse n'est plus tout à fait d'accord.

Complétez dans la conversation les phrases d'Yves. Quand il répond à une question ou qu'il exprime son avis, employez le même verbe que Raymond ou Thérèse, mais remplacez les mots en gras par 'en'. Pour vous aider, voici un exemple (qui n'est pas dans la conversation).

> RAYMOND   Autrefois, les hommes s'occupaient moins **des enfants**!
>
> *Oh oui, ils s'**en** occupaient moins!*

RAYMOND   Vous vous souvenez **de la voiture** que j'avais dans les années cinquante?

YVES   Ah oui, je _____ bien.

THÉRÈSE   Tu l'as gardée longtemps. À l'époque, on ne changeait pas souvent **de voiture**.

YVES   Ça, c'est vrai, on _____ souvent.

THÉRÈSE   On était moins exigeant. Les enfants, par exemple, n'avaient pas tous ces jouets qu'ils ont maintenant.

HENRI   C'est vrai, ils se contentaient **d'un ou deux cadeaux pour la Noël**.

YVES   C'est sûr, ils _____ .

RAYMOND   Et on n'avait pas besoin **de tous ces gadgets pour la cuisine: le grille-pain électrique, le mixer, le four à micro-ondes**.

YVES   Je suis bien d'accord: on _____ !

THÉRÈSE   Ah! Les hommes n'en avaient pas besoin, parce que c'étaient les femmes qui faisaient tout dans la cuisine!

2 Écoutez l'extrait 5, où cette conversation est enregistrée – plus d'une fois, si besoin est, pour vous corriger.

Activité 9  EXTRAIT 6

- Using the imperfect tense and *en* with verbs and expressions followed by *de* to talk about the past

Écoutez l'extrait 6 et participez au dialogue en employant les mêmes verbes que votre interlocuteur, et les mots donnés.

1.3 Affiches publicitaires

Dans la séquence vidéo sur la Biscuiterie Nantaise que vous avez regardée, vous avez vu plusieurs affiches utilisées autrefois dans la publicité BN. Certaines de ces affiches datent des années trente. En voici une.

Activité 10  EXTRAIT 7

- Listening for the sound [ø] and identifying words which contain it
- Practising the pronunciation of [ø]

1 Nous avons enregistré une conversation imaginaire entre l'épicier et la cliente qui figurent sur l'affiche. Dans cette conversation, il y a douze mots comportant le son [ø]. Écoutez l'extrait 7 et écrivez au moins huit de ces mots. Vous pouvez bien sûr écouter la conversation autant de fois que vous voulez.

2 Écoutez de nouveau la conversation, en regardant la transcription. Puis lisez-la à haute voix en même temps que le CD, pour apprendre à bien prononcer le son [ø]. Notez:

- la prononciation de 'monsieur';
- la prononciation des liaisons;
- que le 'x' final n'est pas prononcé dans les mots de la liste.

3 Si vous voulez, enregistrez-vous et comparez ensuite avec l'extrait 7.

Activité 11

- Revising the imperfect tense and certain expressions used for reminiscing

1 Un magazine a demandé à ses lecteurs de décrire une affiche qu'ils aimaient bien quand ils étaient jeunes. Lisez une des réponses, envoyée par une vieille dame (elle se rappelle, en fait, l'affiche de la page 22).

Je me souviens très bien d'une des affiches que je regardais souvent quand j'étais enfant. Il y avait moins de réclames que maintenant, et pas de télévision, donc pas de spots publicitaires! Alors, il est plus facile de se rappeler ces affiches.

Cette affiche, je la revois comme si c'était hier! La scène se passait dans une épicerie. Un vendeur portant une blouse blanche et une cravate servait une cliente élégante. Elle avait déjà posé sur le comptoir un sac plein de toutes les choses qu'elle avait achetées. Et le vendeur mettait, en souriant, des paquets de Casse-Croûte BN dans un deuxième sac. Sur la gauche de l'affiche une fillette, qui avait fini ses achats, sortait du magasin. Elle portait aussi un de ces sacs en papier qui faisaient, à l'époque, la publicité de la Biscuiterie Nantaise. On devinait qu'elle avait acheté des biscuits! Et nous aussi, on voulait manger des BN! D'ailleurs le texte de l'affiche déclarait: 'Exigez le véritable Casse-Croûte BN!'

C'était une affiche un peu naïve, un peu simple, comme elles l'étaient à l'époque, comparées aux affiches d'aujourd'hui, et pourtant, chaque fois que je m'en souviens, je suis un peu émue!

Pour vous aider

réclames (f.pl.)   advertisements

spots (m.pl.) *publicitaires*   radio and television commercials

exigez   make sure you get (from *exiger*)

2 Soulignez dans le texte tous les verbes à l'imparfait et les expressions utilisées pour parler du passé (il y en a quatre).

3 Répondez brièvement à ces questions.

   (a) Pourquoi est-ce que la vieille dame trouve facile de se rappeler cette affiche?

   (b) Selon elle, quelles sont les différences entre les affiches de sa jeunesse et celles d'aujourd'hui?

   (c) À votre avis, pourquoi est-ce qu'elle se sent émue chaque fois qu'elle se souvient de l'affiche?

Activité 12

- Writing introductions and conclusions
- Describing something which you remember

Écrivez un texte de 100 à 150 mots sur un souvenir d'enfance – une affiche que vous aimiez bien, quelque chose que vous mangiez avec plaisir, une boutique où vous alliez souvent, un produit et son emballage – vous pouvez choisir ce que vous voulez. Suivez ces conseils:

- Donnez une structure à votre texte:

   – introduction (expliquez de quoi vous allez parler et précisez de quelle époque il s'agit);

   – description (de l'affiche, du produit, de la boutique, etc.);

   – conclusion (comparez à l'époque actuelle et expliquez vos sentiments).

- Commencez par écrire des notes pour chaque section.

- N'oubliez pas d'utiliser l'imparfait et les mots et expressions qui servent à évoquer des souvenirs.

> Now go back to the study chart for this section, 'Stratégies de vente', and review what you have learned, using the chart as a checklist. If you are unsure about something or feel you need more practice and cannot tick the corresponding box just yet, go back to the relevant part of the section and re-do the activities or try out the strategies suggested.
>
> You should now have achieved the learning outcomes shown at the end of the study chart.

2 Petits commerces et grandes surfaces

Study chart

Topic	Activity	Resource	Key points	✔
2.1 *Le point de vue des consommateurs* (2 h 35)	13		• Talking about the advantages and disadvantages of small shops and supermarkets	
	14	Audio (*Extrait 8*)	• Listening for different opinions	
	The pronoun *y* 15	Audio (*Extrait 9*)	• Using the pronoun *y*	
	Using *y* in positive commands 16		• Using *y* and *en* in commands	
	17		• Expressing an opinion about your local shops and supermarkets	
2.2 *Stratégies des grandes surfaces* (2 h 10)	18	Text	• Recognizing vocabulary relating to marketing	
	19	Audio (*Extrait 10*)	• Recognizing vocabulary relating to shopping and consumer goods	
			• Stating advantages and disadvantages	
	Using *en* and *y* in set expressions 20	Audio (*Extrait 11*)	• Using expressions with *y* and *en* orally	
2.3 *Méfiez-vous!* (1 h 25)	21	Audio (*Extrait 12*)	• Identifying specific expressions of confidence, caution and mistrust	
	Expressing confidence, caution and mistrust 22		• Expressing and advocating caution	
	23		• Structuring an oral presentation	
			• Expressing an opinion	

Learning outcomes

By the end of this section, you should be able to:

- use the pronoun *y* in spoken and written contexts;
- use your listening and reading skills in the context of commerce;
- express your opinions about advantages and disadvantages in the context of commerce;
- use expressions of confidence, caution and mistrust;
- structure an oral presentation and use link words.

Dans cette section vous faites une comparaison entre les petits commerces et les supermarchés en France. Les consommateurs vont parler de leurs préférences. Vous apprenez comment les supermarchés emploient des astuces pour nous encourager à dépenser notre argent.

2.1 Le point de vue des consommateurs

En France, on pense que les petits commerces de quartier sont menacés par les chaînes de supermarchés et les hypermarchés – les grandes surfaces. On évoque des cas de fermeture et de faillite parmi les petits commerces traditionnels; beaucoup de villages n'ont plus de boulangerie, plus de magasin d'alimentation. En réalité, est-ce que les petits commerces sont en difficulté? Ou, au contraire, est-ce qu'ils prospèrent? Est-ce que les clients les préfèrent aux grandes surfaces?

Vous avez le choix!

Activité 13

- Talking about the advantages and disadvantages of small shops and supermarkets

Les phrases 1 à 24 expriment certains des avantages et des inconvénients des petits commerces et des grandes surfaces. Complétez le tableau qui suit en recopiant chaque phrase dans la bonne case. Pour vous aider, nous vous avons donné en exemple la phrase 8.

1 On trouve de tout.

2 Il y a un contact avec la clientèle.

3 Les produits ne sont pas toujours frais.

4 C'est trop loin du centre.

5 Le service est meilleur.

6 L'accueil est sympathique.

7 Il y a trop de choix.

8 La musique est énervante.

9 Il y a souvent des jeux-concours.

10 Il n'y a pas assez de choix.

11 Les gens sont plus gentils.

12 On ne peut pas payer par carte de crédit.

13 On se sent perdu.

14 L'ambiance est familiale.

15 Tout est moins cher.

16 Il y a de trop longues queues.

17 Il y a beaucoup de choix.

18 Les caissières et les caissiers ne sont pas aimables.

19 Les clients bavardent trop avec le commerçant.

20 On est trop tenté d'acheter.

21 C'est à proximité de la maison.

22 Il y a beaucoup de promotions.

23 Il n'y a pas de communication.

24 C'est plus rapide.

	Petits commerces	Grandes surfaces
Avantages		
Inconvénients		8 La musique est énervante.

Activité 14 EXTRAIT 8

• Listening for different opinions

Écoutez l'extrait 8, où plusieurs personnes donnent leur opinion sur les avantages et les inconvénients des petits commerces et des grandes surfaces. Ces commentaires correspondent aux phrases 1 à 24 de l'activité 13. Quand vous entendez une opinion, écrivez ci-dessous le numéro de la phrase de l'activité 13 qui correspond à cette opinion. Notez que:

* plusieurs personnes ont exprimé la même opinion;

* au total, les personnes interviewées ont mentionné neuf avantages et deux inconvénients.

	Phrases
Première interview	
Deuxième interview	
Troisième interview	
Quatrième interview	
Cinquième interview	
Sixième interview	

G5   The pronoun 'y'

You heard an example of the pronoun *y* in Extract 8, when one of the interviewees said:

> Je préfère les grandes surfaces… parce qu'on **y** trouve tout.
> *I prefer supermarkets, because you can get everything there.*
> *(i.e. everything is in one shop)*

What is the function of the pronoun *y*? Look at these other examples:

> Elle va de nouveau en France cet été. Elle **y** est déjà allée à Pâques.
> *She's going to France again this summer. She's already been there, at Easter.*

> Regarde dans ton sac, je suis sûre que tu **y** as mis les bons de réduction.
> *Look in your bag, I'm sure you put the coupons in there.*

> C'est un supermarché sensationnel: j'**y** fais mes courses tous les samedis.
> *It's a fantastic supermarket: I do my shopping there every Saturday.*

You can see that *y* replaces different phrases, all indicating a place. If you wanted to emphasize your point, you could repeat the phrase every time:

> Je préfère les grandes surfaces parce qu'on trouve de tout **dans les grandes surfaces**.

> C'est un supermarché sensationnel: je fais mes courses **dans ce supermarché** tous les samedis.

However, your style will be more elegant if you don't repeat the same things too often. You can use the pronoun *y* to avoid this repetition.

Note that you don't always have to translate *y* to give the English equivalent of a phrase:

> Le service est lamentable dans ce restaurant. Nous n'**y** reviendrons pas de si tôt!
> *The service is shocking in this restaurant. We won't be coming back in a hurry!*

> Je suis invitée chez Georges pour son anniversaire. Tu y vas aussi?
> *I've been invited to George's house for his birthday. Are you going too?*

Finally, notice the position of *y* in the examples above: it always comes immediately before the verb, or before the auxiliary in the perfect tense.

Write all these examples in your Notebook and add any others you come across later. Check that you can translate them all from one language to the other. You will find that constant practice will help you learn to use *y* correctly.

Activité 15 💿 EXTRAIT 9

• Using the pronoun *y*

1   Remplacez dans les phrases suivantes le pronom 'y' par le groupe de mots qu'il représente.

Exemple

Cette année nous sommes allés en Bretagne. Nous **y** avons passé tout l'été.

*Cette année nous sommes allés en Bretagne. Nous avons passé tout l'été **en Bretagne**.*

(a)   Tu retournes à l'atelier ce soir? Mais tu **y** as passé toute la journée!

(b)   Nous allons passer quinze jours dans le Limousin. Oui, je sais, c'est la dixième fois que nous **y** passons nos vacances, mais ça nous plaît beaucoup.

(c)   Vous voulez vraiment aller au cinéma? Bon, d'accord, on **y** va. Mais alors, pas pour voir un film d'horreur!

2   Maintenant, faites le contraire: remplacez le groupe de mots en caractères gras par le pronom 'y'.

(a)   J'ai horreur des hôpitaux. Quand j'entre **dans un hôpital**, je ressens une angoisse terrible.

(b)   Tu veux aller à la discothèque? Eh bien, tu vas **à la discothèque** sans moi!

(c)   J'aime énormément la Bourgogne. C'est beau, c'est vert, c'est calme. Oui, décidément, je voudrais finir mes jours **en Bourgogne**!

3   Complétez les dialogues en employant les mots qui sont donnés entre parenthèses. N'oubliez pas d'employer 'y' dans chaque phrase.

Exemple

–   Tu es déjà allé(e) à Rouen?

    (année dernière)

–   *Oui, j'y suis allé(e) l'année dernière.*

(a) –   À quelle heure on doit être à la mairie?

     –   (midi)

(b) – Tu vas souvent à la piscine?

– (deux fois par semaine)

(c) – Vous êtes déjà allés en Pologne? (*plural* vous)

– (1999)

(d) – Qu'est-ce que tu as mis dans ce sac? Il est si lourd!

– (deux dictionnaires – une grammaire)

(e) – Vous allez souvent dans les Alpes? (*polite* vous)

– (tous les étés)

(f) – Tu as vécu en Côte d'Ivoire?

– (cinq ans)

4   Écoutez l'extrait 9 et faites ce même exercice à l'oral sans lire vos notes.

G 6   **Using 'y' in positive commands**

As you have seen, *y* is placed just before the verb or auxiliary, including in negative commands. However, in the case of a **positive command**, *y* is placed immediately **after** the verb, joined by a hyphen. Look at the following examples:

CLAIRE   Tu veux venir au nouveau salon de thé de la rue Tavernier?

CLAUDINE   Je n'ai pas le temps. Mais **vas-y**[*] sans moi.

STÉPHANE   Non, **n'y va pas**! C'est cher et c'est pas bon!

JULIEN   Pour la vinaigrette, qu'est-ce que je dois mettre?

SOLANGE   **Mettez-y** de l'huile d'arachide, le jus d'un citron, une pincée de sel…

VALÉRIE   Mais **n'y mettez** pas de sucre!

[*] An 's' is added to the normal imperative *va* to avoid the sound of the vowels 'a' and 'y' coming together.

Activité 16

• Using *y* and *en* in commands

Traduisez les phrases entre parenthèses, en employant des impératifs, pour compléter les dialogues. (N'oubliez pas d'employer 'y' ou 'en' dans chaque phrase!)

1   – Mon mari et moi, on va voir *Doux rêveur* à l'Odéon ce soir.

– (*Don't go, I've seen it, it's not very good.*)

2 – Mon copain et moi, on va à la patinoire.

– (*All right, but don't stay too long.*)

– Combien de temps?

– (*Stay for an hour, then come back to do your homework.*)

3 – Nous n'avons jamais bu de Suze. C'est un apéritif?

– (*Yes, it's quite strong. Try a little!*)

4 – Je vais acheter du vin rouge à l'épicerie. Tu veux aussi du vin blanc?

– (*Yes. Get one bottle.*)

5 – On fait combien de quiches pour ce soir? On en fait six?

– (*No. Make fewer.*)

Activité 17

• Expressing an opinion about your local shops and supermarkets

Donnez votre opinion sur les petits magasins et les grandes surfaces. Écrivez entre 150 et 200 mots. Nous vous suggérons le plan suivant.

• Parlez des magasins dans votre quartier (ou de l'absence de magasins!).

• Ensuite, dites quels sont les avantages ou les inconvénients des petits commerces et des grandes surfaces que vous fréquentez.

• En conclusion, dites si vous appréciez ou non la prolifération des grandes surfaces.

Essayez d'employer les pronoms 'y' et 'en' et les expressions que vous avez apprises dans l'activité 14. En voici quelques autres pour vous aider:

- Pour donner votre opinion

  à mon avis, selon moi

  personnellement

  je trouve que

  je suppose que

  je considère que

  il me semble que

  je suis persuadé(e) que

  je suis convaincu(e) que

  j'estime que

  je n'ai aucune préférence

  j'aime bien les deux

  il faut des deux (*one needs a bit of both*)

- Pour exprimer un regret

  c'est vraiment dommage

  c'est bien dommage

  c'est regrettable

  c'est tout à fait regrettable

  c'est malheureux

  c'est bien triste

2.2   Stratégies des grandes surfaces

Nous ne sommes pas toujours conscients des astuces que les supermarchés emploient pour nous amener à acheter leurs produits – et à en acheter plus, peut-être. Ici, nous allons parler du 'merchandising', un autre mot d'origine anglo-saxonne. Notre source est un article du *Nouvel Observateur*.

Activité 18

- Recognizing vocabulary relating to marketing

1   Selon vous, qu'est-ce qu'un 'designer d'espaces'? Après avoir préparé la réponse en anglais, lisez l'article ci-contre, pour voir si vous avez bien deviné.

La persuasion cachée

1 Gérard Caron est «designer d'espaces ». Il a créé des dizaines de « concepts » de lieux, banques, hôtels ou supermarchés. « Entrer dans un lieu de vente constitue toujours un
5 effort », dit-il. Dépenser de l'argent «coûte » toujours. « Mon métier, c'est de concevoir des espaces qui facilitent l'acte d'achat.» Le merchandising s'appuie d'abord sur notre orientation inconsciente. [...] On met en avant
10 tout ce qui est attirant — les produits frais, les fruits... C'est irrésistible, ça fait oublier le portillon de sécurité.» Les grandes surfaces respectent aussi cette orientation automatique, mais comme les clients s'y
15 rendent intentionnellement, il n'est pas nécessaire de les appâter. Au contraire, on peut profiter de la pente naturelle pour leur imposer les 70% d'achats non prémédités qui remplissent les chariots. « C'est à cet endroit, tout de suite à droite, explique Gérard Caron,
20 que les hypers mettent les "produits bruns" (télés, radios, ordinateurs), les "produits blancs" (électroménager) ou la librairie: tout ce qu'on n'irait pas voir spontanément. » Placés au point le plus éloigné, les produits
25 « sexy » — « ce qui est chaleureux, vivant, qui fait marché, avec des vendeurs, crémier, pâtissier... » — obligent le chaland à traverser les rayons moins affriolants des produits d'entretien ou des conserves. Un fil conducteur
30 guide de l'extérieur vers l'intérieur, un grand axe lumineux, qui prend imperceptiblement les clients par la main, et les mène vers des niches moins éclairées.

(*Le Nouvel Observateur*, septembre 1998, www.nouvelobs.com/archives)

Pour vous aider

s'appuie sur   relies on (from *s'appuyer*)

le portillon de sécurité   the security barrier, gate

respectent   follow, observe (from *respecter*)

la pente   inclination

le chaland   (regular) customer (in specialized language, also means a type of flat-bottomed boat)

produits (m.pl.) *d'entretien*   cleaning products

conserves (f.pl.)   tinned foods, preserves

un axe   a path, route, way

2   Trouvez dans le texte les équivalents français des expressions suivantes.

(a) which make it easier to buy things

(b) everything attractive

(c) distracts your attention from

(d) choose to go there

(e) they don't need to be lured

(f) take advantage of the natural inclination

(g) domestic electrical goods

(h) everything people wouldn't go to see, if left to their own devices

(i) which creates the feeling of a market

(j) the less inviting sections

(k) a guiding thread

3　(a)　Which of the three plans below corresponds best to the typical supermarket layout described by Gérard Caron?

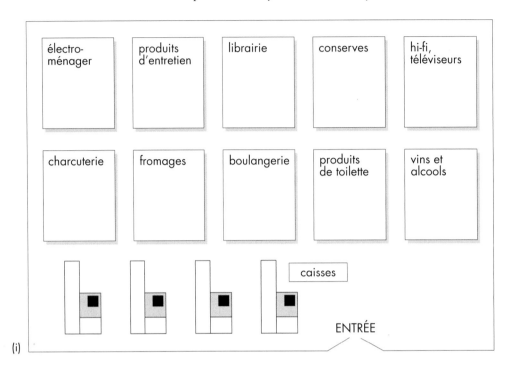

(i)

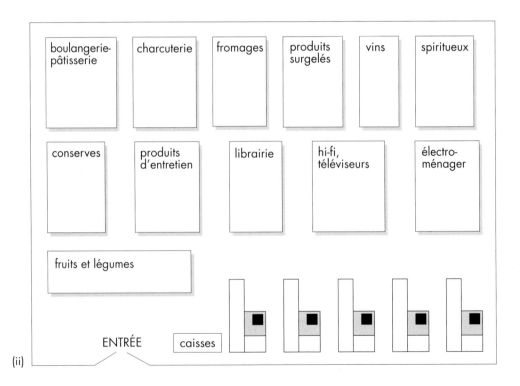

(ii)

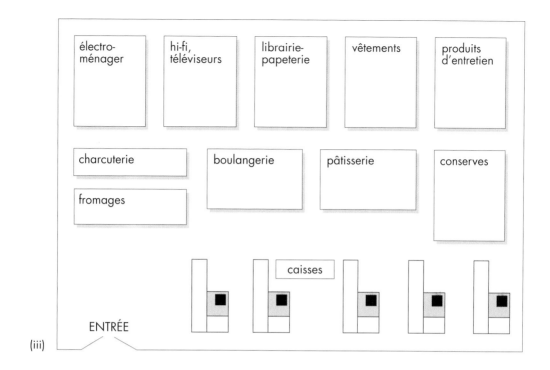

(iii)

(b) According to Gérard Caron, what proportion of French consumers' shopping is actually planned, and how much is bought on impulse?

(c) What is it that, according to him, makes a sector of the supermarket 'warm' and 'lively'?

en passant . . . .

You may have been struck by the appearance of several very English (and by now evidently quite French!) words in the *Nouvel Observateur* text: *designer, merchandising* and *sexy*. Languages borrow from each other constantly. French has adopted and sometimes adapted many words and phrases from English – by the nineteenth century, these already included *fair play, snob, wagon, sandwich*, even *shampooing*, and last but not least *rosbif.* In Section 1, the interviewer and the manager of Biscuiterie Nantaise talked about *le look* (the whole image projected by a product) and *le packaging*. Borrowing – sometimes with adaptation of the word – happens particularly in the language of business and advertising (*le management, le dumping, le sponsoring, le holding*) and technology (*le laser, le cédérom, cliquer, le shareware*), but there are also many examples in everyday language, such as *un parking* (a car park), *le scotch* (also *le Scotch®*, adhesive tape) or *le week-end*.

There is a strong movement, promoted by the French State, to protect the French language and to create new words based on existing French words or parts of words rather than borrowing from English. One of the more successful of these creations was the word invented in order to supplant *le walkman. Un baladeur* (a personal stereo) combines the idea of *une balade* (a walk) with that of *une ballade* (a ballad). Quite a few other coinages, such as *le logiciel* for 'software' and *le courriel* (Canadian French, originally, for 'electronic mail'), are both elegant and attractive; but others (*la mercatique* instead of the popular *le marketing*) seem less likely to succeed.

Activité 19 💿 EXTRAIT 10

- Recognizing vocabulary relating to shopping and consumer goods
- Stating advantages and disadvantages

Jeanne est Française, mais elle n'habite pas en France. Cependant, elle y va souvent pour rendre visite à ses parents. Elle décrit ici un supermarché français.

1   Écoutez l'extrait 10, et complétez cette transcription, qui reproduit une partie de ce que dit Jeanne.

> […] En entrant, il faut (a) _____ passer par le (b) _____ des (c) _____ : le vin d'abord (cela doit être typiquement français!), le cidre, la bière, les jus de fruits, en bouteille et en (d) _____ , l'eau minérale, (e) _____ et (f) _____ .
>
> […] Ensuite, il y a des (g) _____ , des (h) _____ , des (i) _____ , même des (j) _____ , des (k) _____ , micro-ondes, etc. Et après, les produits frais, avec toutes sortes de fromages, et un rayon traiteur où on peut acheter des (l) _____ tout préparés, à emporter: (m) _____ , (n) _____ , (o) _____ , etc., et la boulangerie-pâtisserie. Juste derrière, il y a les grands congélateurs avec la viande et le poisson surgelés, puis le secteur épicerie.

2   Ce supermarché est-il organisé de la même façon que celui que décrit Gérard Caron? Décrivez par écrit leurs similarités et leurs différences.

3   Écoutez de nouveau l'extrait 10, et notez quels sont, pour Jeanne, les avantages et les inconvénients de ce supermarché.

G7 Using 'en' and 'y' in set expressions

When admitting that she didn't know if the supermarket was really much cheaper than the small shops in Marseille, Jeanne said, '*Je n'en suis pas certaine*' (short for *je ne suis pas certaine de cela*). There are a number of expressions using *en* that you may want to learn and copy into your Notebook as set phrases. Here are some of them:

> Je vous **en** prie!
> *You're welcome/My pleasure.*

Quatre enfants, c'est fatigant!
Oui, je m'**en** doute…
Yes, I can well imagine… (*from* se douter de)

J'**en** doute.
I doubt it. (*from* douter de)

Je m'**en** fiche.
I don't care.

Va-t-**en**!
Go away!

Je m'**en** vais.
I'm off.

Vous vous **en** allez déjà?/Tu t'**en** vas déjà?
Are you leaving already? (from *s'en aller*)

Ne t'**en** fais pas!
Don't worry about it!

J'**en** ai marre.
I'm fed up.

Qu'est-ce que vous faites à Pâques?
Je n'**en** sais rien!
I haven't got a clue!

There are also quite a number of set phrases which use *y*. You may remember:

Ça **y** est?	Ça **y** est.
Are you ready?	*That's it/I'm done.*
Have you finished?	
On **y** va?	On **y** va.
Shall we go now?	*Let's go.*

(In the two examples above, the difference in meaning is created by using different intonation – rising for the questions; neutral for the statements.)

Vas-**y**!/Allez-**y**!
Go on!/On you go!/Go ahead!

Bon, j'**y** vais!
Okay, I'm off!/I'm going!

Je m'**y** connais.
I'm an expert.

Je n'**y** comprends rien!
I'm totally baffled!

Activité 20 💿 EXTRAIT 11

- Using expressions with *y* and *en* orally

Écoutez l'extrait 11 et participez aux dialogues en suivant les indications données en anglais.

2.3 Méfiez-vous!

Nous avons demandé à plusieurs personnes devant un supermarché s'ils faisaient confiance aux produits alimentaires qu'on vend dans les grandes surfaces. Le titre ci-dessus résume l'attitude de la plupart des gens interviewés, qui recommandent la prudence.

Activité 21 💿 EXTRAIT 12

- Identifying specific expressions of confidence, caution and mistrust

1 Écoutez les cinq personnes interviewées dans l'extrait 12 puis, dans le tableau suivant, cochez l'interview où l'expression est prononcée. Pour vous aider, nous vous avons donné un exemple: dans la quatrième interview quelqu'un dit 'au niveau des fruits et légumes', nous avons donc coché la colonne 4 en face de l'expression (a).

Expressions prononcées	Interviews				
	1	**2**	**3**	**4**	**5**
(a) au niveau des fruits et légumes				✓	
(b) tout dépend de quoi il s'agit					
(c) j'achète plutôt…					
(d) pas tout à fait, faut le dire!					
(e) je leur fais confiance					
(f) on est entièrement contre					
(g) je me méfie tout de même un peu					
(h) on peut vraiment se fier à					
(i) à part					
(j) on ne sait jamais					
(k) on essaie d'éviter					
(l) pour la viande					

Pour vous aider

bio   organically grown produce

engrais (m.)   fertilizer

d'ailleurs   for that matter

la 'malbouffe' (slang)   junk food

OGM (m.pl.) *(organismes génétiquement modifiés)*   genetically modified
organisms (GMOs)

2   Trouvez ci-dessous l'équivalent anglais de chacune des expressions (a)
à (l) du tableau ci-contre.

   (i)   You can really trust

   (ii)   As far as fruit and veg are concerned

   (iii) We're completely against (them)

   (iv)   All the same I don't quite trust

   (v)   It all depends on what you're talking about.

   (vi)   Not altogether, I must say!

   (vii) I prefer to buy…

   (viii) I have confidence in them

   (ix)   As for meat

   (x)   We try to avoid

   (xi)   Apart from

   (xii) You never know

G8   Expressing confidence, caution and mistrust

Here are some useful phrases you can use to express confidence:

> **Je fais confiance à** leurs produits.

> **On peut vraiment se fier à** ce qu'on achète.

One could also say:

> **J'ai confiance en** la qualité des produits qu'ils vendent.

> **Il vaut mieux** acheter des produits naturels, sans
> conservateurs.

The people we spoke to also expressed their mistrust of or caution
concerning mass produced foods in various ways. For example:

> **Je me méfie**… un peu **des** plats préparés.

> **On ne sait jamais**.

> **On essaie d'éviter** la 'malbouffe' industrielle.

Here are a few more things they might have said:

> Personnellement, **je n'ai pas confiance en**…

J'évite systématiquement tout ce qui contient des colorants artificiels.

Je fais attention.

Il faut prendre garde aux produits où il y a des colorants, si vous avez de jeunes enfants.

Méfiez-vous des colorants!/**Méfie-toi des** colorants!

Activité 22

- Expressing and advocating caution

1 C'est à vous de vous exprimer. Répondez aux questions (a) à (d), en expliquant votre comportement personnel. Employez chaque fois une des expressions que vous venez d'apprendre.

    (a) Quand vous allez dans une pâtisserie, vous n'êtes pas un peu tenté(e) par tous ces gâteaux?

    (b) Si vous allez fêter quelque chose au restaurant, vous avez tendance à boire un peu trop?

    (c) Quand vous êtes en vacances, vous finissez par dépenser plus d'argent que d'habitude?

    (d) Est-ce que la publicité vous pousse à acheter des vêtements de marque qui sont vraiment trop chers ?

2 Complétez chaque petit dialogue en utilisant certaines expressions citées plus haut pour faire une recommandation à Martine, à Coralie et à Marc.

    (a) MARTINE   Moi, je ne sais pas résister aux promotions.

       VOUS   _____

    (b) CORALIE   Je ne sais pas dire non aux vendeurs de camelote qui circulent sous la tour Eiffel.

       VOUS   _____

    (c) MARC   Nous allons faire du camping dans les Pyrénées.

       VOUS   _____

Activité 23

- Structuring an oral presentation
- Expressing an opinion

1 Regardez de nouveau l'activité 17, son corrigé et votre réponse. Ajoutez à votre réponse originale:

    (a) une courte description d'un petit commerce ou d'une grande surface où vous aimez faire vos courses;

    (b) une ou deux expressions recommandant la prudence;

(c) des mots charnières tels que 'd'un côté … mais de l'autre', 'par contre', 'donc', 'cependant'.

2   Faites une présentation orale sur les grandes surfaces et les petits commerces.

- Préparez des notes en vous basant sur votre travail écrit de l'activité 17 et ce que vous avez ajouté ici.

- Suivez la même structure (introduction, discussion, conclusion) que dans l'activité 17.

- Parlez pendant entre une minute et une minute et demie.

Now go back to the study chart for this section, 'Petits commerces et grandes surfaces', and review what you have learned, using the chart as a checklist. If you are unsure about something or feel you need more practice and cannot tick the corresponding box just yet, go back to the relevant part of the section and re-do the activities or try out the strategies suggested.

You should now have achieved the learning outcomes shown at the end of the study chart.

3   Vie à crédit

Study chart

Topic	Activity	Resource	Key points	✔
3.1 *La Carte Liberté, c'est commode* (1 h 10)	24	Text	• Recognizing vocabulary relating to banks and credit cards	
3.2 *Pour obtenir une carte de crédit* (1 h 10)	25	Audio (*Extrait 13*)	• Understanding a conversation in a bank	
	26	Audio (*Extrait 14*)	• Talking about salaries and bank accounts	
	27	Audio (*Extrait 15*)	• Asking questions about salaries and bank accounts	
Clarifying and distinguishing				
	28	Audio (*Extrait 16*)	• Explaining your meaning	
	29	Audio (*Extrait 17*)	• Expressing contrast orally	
	30	Audio (*Extrait 18*)	• Expressing contrast	
3.3 *Les pièges du crédit* (3 h)	31	Audio (*Extrait 19*)	• Understanding a conversation about being in debt	
The perfect tense of reflexive verbs: agreement of the past participle				
	32	Audio (*Extrait 20*)	• Using reflexive verbs in the perfect tense	
	33		• Using reflexive verbs in the perfect tense orally	
			• Making an oral presentation	
English equivalents of French reflexive verbs				
	34		• Using reflexive verbs in the perfect tense in writing	
	35	Audio (*Extrait 21*)	• Using reflexive verbs in the perfect tense in writing and orally	
	36	Video	• Noting main points from a conversation about being in debt	
			• Recognizing vocabulary relating to financial obligations	
	37	Video	• Listening for detail	
3.4 *Entre l'enclume et le marteau* (2 h)	38	Text	• Finding out about a family's debt situation	

Topic	Activity	Resource	Key points	✔
	39	Audio (*Extrait 22*)	• Practising pronunciation	
			• Reading a phonetic transcription	
	40		• Structuring a text	
			• Expressing your opinions in writing	

Learning outcomes

By the end of this section, you should be able to:

- understand and use the language of day-to-day financial matters;

- explain and contrast items or situations;

- speak and write about the past using reflexive verbs in the perfect tense;

- read a phonetic transcription to improve your pronunciation;

- structure an essay in French and express your opinions on the consumer society.

Dans notre société de consommation, les cartes de crédit, qu'on les aime ou non, font partie intégrante de notre vie quotidienne. D'abord, vous découvrez combien il est difficile – ou facile – d'obtenir une de ces cartes en France. Ensuite, deux personnes qui se sont endettées expliquent leur situation. Finalement, voux découvrez le problème du surendettement, c'est-à-dire l'endettement excessif, dans la France d'aujourd'hui.

3.1   La Carte Liberté, c'est commode

Vous allez étudier un dépliant expliquant comment acquérir une carte de crédit pour un magasin et apprendre le vocabulaire inhérent au monde des banques et de la haute finance.

Activité 24

• Recognizing vocabulary relating to banks and credit cards

1   Voici un dépliant distribué par une chaîne française d'hypermarchés, Mastodonte, comme publicité pour sa carte de crédit. Regardez tous les titres, sans lire le texte lui-même. D'après ces titres, expliquez brièvement en anglais ce que cette brochure va décrire.

LA CARTE LIBERTÉ, C'EST COMMODE

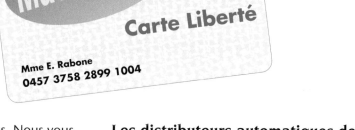

La Carte Liberté est la carte de paiement Mastodonte – vous pouvez vous en servir dans plus de 200 de nos hypermarchés en France et en Belgique. Avec elle, tout devient plus simple: plus besoin de porter espèces, chéquier ou pièce d'identité pour faire vos courses. Nous vous proposons aussi des facilités de paiement. En plus, vous bénéficierez de services créés exclusivement pour vous.

PROFITEZ DES AVANTAGES

Des caisses réservées

Dans chacun de nos hypermarchés, vous trouverez des caisses 'express' qui sont réservées aux possesseurs de la Carte Liberté. Moins d'attente – du temps précieux de gagné!

Les modalités de paiement

Vous pouvez régler au comptant moyennant un prélèvement bancaire, jusqu'à un montant de 800 € par semaine.

Vous pouvez également utiliser le crédit personnel Carte Liberté que nous mettons à votre disposition, dans la limite de 4 000 €.

Les promotions

Nous proposons de façon régulière des promotions spéciales – encore une exclusivité Carte Liberté.

Les distributeurs automatiques de billets

Dans chacun de nos magasins vous trouverez des distributeurs où vous pourrez retirer un maximum de 400 € par semaine, au comptant ou à crédit.

COMMENT OBTENIR DÈS AUJOURD'HUI VOTRE CARTE LIBERTÉ?

Après avoir rempli le formulaire ci-dessous, vous n'avez qu'à le présenter au stand Service Clientèle avec les originaux des documents suivants:

- Une pièce d'identité.

- Votre dernier bulletin de salaire, éventuellement celui de votre conjoint (ou avis d'imposition pour les personnes non salariées).

- Un relevé d'identité bancaire ou postal et votre chéquier ou carte bancaire en cours de validité.

- Votre dernière quittance EDF-GDF.

DEMANDE DE CARTE LIBERTÉ

Rubriques à remplir pour le demandeur:

Magasin Mastodonte habituel:……………………………….

Nom:……………………….. Prénom:……………………… ☐ Mme ☐ Mlle ☐ M.

Né(e) le:…………. à:……………………….. Département:………………………..

Adresse:……………………………………………………………………………………

………………………………………………………….Code postal:………………….

Ville:……………………………….. Tél.:……………………………………………..

Situation familiale:

☐ Célibataire ☐ Marié(e) ☐ Vit maritalement ☐ Divorcé(e)

☐ Veuf (ve)

Nombre d'enfants à charge:………….

Situation habitat: ☐ Locataire ☐ Propriétaire ☐ Logé(e) parents

☐ Logé(e) employeur Date entrée logement:…………………….

Profession:……………………………….. Employeur:………………………………

Adresse:……………………………………………………………………………………

Tél.:………………………. Date entrée:…………………………. Salaire:………………………..

Année d'ouverture du compte bancaire:………………………………………………

Rubriques à remplir pour le conjoint:

☐ Mme ☐ Mlle ☐ M.

Nom:……………………….. Prénom:…………………………….

Né(e) le:…………. à:……………………….. Département:………………………..

Profession:……………………………….. Employeur:………………………………

Adresse:……………………………………………………………………………………

Tél.:………………………. Date entrée:…………………………. Salaire:………………………..

Taux effectif global (TEG hors assurance):

De 0 à 2 000 €: 1,15% mensuel soit 13,80% l'an.

De 2 001 à 4 000 €: 1,05% mensuel soit 12,60% l'an.

Assurance facultative "chômage, invalidité, maladie, décès, vol ou perte de la Carte":

0,40% de l'encours crédit fin de mois. Par exemple, pour un crédit utilisé de 500 € son coût est de 2 €.

2   Lisez maintenant tout le dépliant, sauf la partie 'Demande de Carte
    Liberté'. Trouvez-y l'équivalent français des mots et expressions ci-
    dessous.

    (a) cash

    (b) cheque-book

    (c) identification

    (d) easy payment terms

    (e) to pay in full

    (f) by means of a direct deduction
        from your bank account

    (g) an amount

    (h) which we make available to
        you

    (i) withdraw

    (j) payslip

    (k) spouse

    (l) tax assessment

    (m) current banker's card

    (n) receipt

    Pour vous aider

    un relevé d'identité bancaire   document showing particulars of your
        bank account

    EDF   State-owned electricity company (short for *Electricité de France*)

    GDF   State-owned gas company (short for *Gaz de France*)

3   Répondez aux questions suivantes.

    (a) Où peut-on utiliser la Carte Liberté?

    (b) Pourquoi est-ce que 'tout devient plus simple'?

    (c) Quel est le grand avantage d'avoir des caisses réservées?

    (d) Si vous n'utilisez pas le crédit qu'on vous propose, combien
        pouvez-vous dépenser dans une semaine?

    (e) Si vous utilisez la Carte Liberté comme carte de crédit, quelle est la
        limite maximum de votre crédit?

    (f) Où peut-on obtenir de l'argent comptant avec la carte, et combien?

4   Lisez le reste du dépliant et faites correspondre les mots et les
    expressions français avec leurs équivalents anglais dans ce contexte.

(a) vit maritalement	(i)	or
(b) taux	(ii)	optional insurance
(c) hors	(iii)	current balance outstanding
(d) mensuel	(iv)	rate
(e) soit	(v)	cost
(f) assurance facultative	(vi)	living with a partner
(g) encours crédit	(vii)	monthly
(h) coût	(viii)	not including

5 L'assurance facultative peut vous couvrir dans six cas différents. Notez ces cas en anglais.

6 Imaginez que vous voulez obtenir la Carte Liberté. Remplissez le formulaire pour vous-même et éventuellement pour votre conjoint.

3.2 Pour obtenir une carte de crédit

Obtenir une carte de crédit est en réalité assez facile pour beaucoup de personnes: vous allez entendre une conversation entre une employée de banque et une cliente qui le confirme.

Activité 25 EXTRAIT 13

- Understanding a conversation in a bank

Écoutez l'extrait 13 deux ou trois fois. Ensuite, trouvez la réponse qui correspond à chaque question de l'employée.

1 Vous travaillez, je crois?

2 … vos revenus se chiffrent à combien, à peu près?

3 […] Il y a combien de temps que vous êtes dans votre emploi?

4 […] Vous avez un compte chez nous depuis combien de temps?

Activité 26 EXTRAIT 14

- Talking about salaries and bank accounts

Écoutez l'extrait 14. Vous allez à la banque pour obtenir une carte de crédit. Vous expliquez à l'employée ce que vous désirez et vous répondez à ses questions selon le scénario ci-dessous.

- Vous avez un compte en banque depuis deux ans et demi.

- Vous êtes salarié(e); vous gagnez environ 2 000 € par mois.

- Votre loyer s'élève à 650 € par mois.

- Vous n'avez pas de prêts.

Activité 27 EXTRAIT 15

- Asking questions about salaries and bank accounts

Écoutez l'extrait 15. Vous êtes maintenant l'employé(e) de banque et c'est à vous de poser les questions au client qui veut obtenir une carte de crédit.

G9 | Clarifying and distinguishing

In the second part of the conversation, the bank clerk will explain that there are two ways to settle your account when you use a credit card: *le débit direct* and *le débit différé*. The customer asks what that means: *'Qu'est-ce que ça veut dire, ça?'*. Before working on the answer given by the bank clerk in a later activity, have a look at some phrases you can use if:

- you want to explain what something means:

  c'est-à-dire que
  that's to say that/that is

  ça veut dire (que)
  it means (that)

- if you want to make a distinction between two things or ideas:

  alors que/tandis que
  whereas

  par contre/en revanche
  on the other hand

The following sentences incorporate these phrases:

Dans un petit magasin, le service est de bonne qualité, **c'est-à-dire que** vous recevez un service personnalisé, parce que vous y êtes connu(e).

Régler comptant, **ça veut dire** payer immédiatement la somme totale.

Dans une grande surface, on trouve un choix impressionnant d'articles, **alors que/tandis que** dans un petit commerce le choix est plus limité.

Il y a plus de choix dans un grand magasin. **Par contre/En revanche**, le service y est plus anonyme que dans un petit magasin.

Activité 28 💿 EXTRAIT 16

- Explaining your meaning

Écoutez l'extrait 16 et répondez aux questions, en employant les expressions 'ça veut dire' ou 'c'est-à-dire que'.

Activité 29 💿 EXTRAIT 17

- Expressing contrast orally

Écoutez l'extrait 17 et répondez aux questions.

Exemple

Vous entendez   Avez-vous de l'huile de noix?

(noix – en revanche – tournesol)

Vous répondez   Non, je n'ai pas d'huile de noix; **en revanche**, j'ai de l'huile de tournesol.

Activité 30 💿 EXTRAIT 18

• Expressing contrast

Écoutez l'extrait 18 (la deuxième partie de la conversation à la banque, dont vous avez fait la première partie dans l'activité 26) et inspirez-vous de ce dialogue pour écrire une brève définition en français des expressions 'débit différé' et 'débit immédiat', en les opposant. Employez les expressions vues dans l'activité 27.

3.3   Les pièges du crédit

Acheter à crédit est devenu facile – trop facile, selon certains commentateurs. C'est parfois la seule manière de satisfaire un besoin immédiat, mais il y a de réels dangers qui y sont associés. Vous allez entendre deux personnes qui se sont retrouvées encombrées de dettes.

Claudine, une femme qui s'est endettée, et qui en subit toujours les conséquences, discute de sa situation avec une travailleuse sociale de l'UDAF, c'est-à-dire l'Union des Associations Familiales. L'UDAF est un organisme qui a pour fonction, entre autres, de représenter les familles, de protéger les enfants et aussi les adultes qui ne peuvent pas vivre de manière indépendante. Claudine habite dans un HLM à la cité des Dervallières à Nantes. 'HLM' veut dire 'habitation à loyer modéré': un logement peu cher construit par une ville ou un département.

Activité 31 💿 EXTRAIT 19

• Understanding a conversation about being in debt

Écoutez l'extrait 19 et complétez les phrases suivantes en cochant les bonnes réponses (il peut y en avoir plus d'une par phrase).

Pour vous aider

entraîne   involves (from *entraîner*)

rembourser   to repay, reimburse

1   Avec sa Carte Bleue Claudine a dépensé…

    (a) aux environs de 15 000 F*.   ❑

    (b) aux environs de 11 000 F.   ❑

    (c) aux environs de 1 100 F.   ❑

    * L'euro valait 6,5 F en 2001.

2   Avec cet argent, elle a acheté…

    (a) une chaîne stéréo.   ❑

    (b) des meubles.   ❑

    (c) des livres.   ❑

(d) des assiettes. ❑

(e) des verres. ❑

(f) des draps. ❑

(g) des couvertures. ❑

(h) un ordinateur. ❑

(i) une moquette. ❑

3   Mais un jour, les problèmes avec la banque ont commencé et elle a dû…

(a) écrire au banquier. ❑

(b) passer à la banque. ❑

(c) rendre sa carte de crédit. ❑

(d) demander des explications au banquier. ❑

4   Pour rembourser sa dette…

(a) la banque l'a beaucoup aidée. ❑

(b) elle s'est débrouillée seule. ❑

(c) elle a économisé 1 000 F chaque mois. ❑

(d) elle a remboursé la banque pendant douze mois. ❑

5   Aujourd'hui, sa situation bancaire a changé:

(a) elle a plus de cartes de crédit qu'avant. ❑

(b) elle n'a plus aucune carte de crédit. ❑

(c) elle a perdu l'autorisation d'utiliser son chéquier. ❑

6   Pour résoudre ses problèmes financiers…

(a) elle écrit tous ses mouvements d'argent sur un cahier. ❑

(b) elle a obtenu un nouveau prêt. ❑

(c) elle n'a pas vraiment de système car elle a assez d'argent pour la maison et l'entretien des enfants. ❑

(d) la banque a établi un budget pour elle. ❑

en passant . . . .

Claudine mentions that, since getting into difficulties with her card (and even though she has now cleared the balance), she is the subject of an *interdit bancaire*. What this means is that she has incurred the heavy penalty which applies, under French law, to anyone who issues a cheque without having funds in their account to cover it: within forty-eight hours, the Banque de France has to be notified, and the account-holder is then listed on a national register of defaulters. This means that they are legally debarred from issuing cheques, and that their bank account can only be run on sufferance from the manager, if at all. If they cannot make good the payment, or simply omit to, the prohibition stays in place for up to ten years. In the late 1990s, nearly two and a half million people in France were in this situation – and half of them had been so for more than three years.

G 10 The perfect tense of reflexive verbs: agreement of the past participle

Remember that all **reflexive verbs** (*verbes pronominaux* in French) are conjugated with *être* in the perfect tense. In the audio extract Claudine used *se servir* and told the social worker:

> Je me **suis** servie de ma Carte Bleue pour faire tous ces achats.

Note how the past participle agrees in gender and number with the **subject** of the verb (*servie*). Here are some more examples. (The **infinitives** of the reflexive verbs are in brackets at the end of each sentence.)

> **Elle** s'est lavé**e** dans la rivière. (se laver)
> *She washed (herself) in the river.*
>
> **Ils** se sont beaucoup amusé**s**. (s'amuser)
> *They enjoyed themselves a lot.*
>
> **Nous** étions heureuses de nous revoir et nous nous sommes embrassé**es**. (s'embrasser)
> *We were happy to see each other again and we kissed each other.*
>
> **Elles** se sont habillé**es** à toute vitesse. (s'habiller)
> *They got dressed in a great rush.*

When you're using *on* to replace *nous*, the past participle agrees with the subject that *on* replaces. For example, 'Marie and I went for a walk in the old town' can be:

> **Marie et moi**, on s'est promené**es** dans le vieux quartier.
> (if *moi* represents a woman)
>
> **Marie et moi**, on s'est promené**s** dans le vieux quartier.
> (if *moi* represents a man)

If you want to revise forming the perfect with *être*, refer to your grammar book.

Activité 32 EXTRAIT 20

- Using reflexive verbs in the perfect tense

1 Reconstituez chacun des dialogues, en complétant les questions, pour qu'elles correspondent aux réponses données (employez les mêmes verbes).

LE DOCTEUR   Hier soir, vous (a) _____ ?

L'HOMME   Je me suis couché vers trois heures du matin.

LE DOCTEUR   Et ce matin, vous (b) _____ ?

L'HOMME   Ce matin, je me suis réveillé à 7 heures.

LE DOCTEUR   Et vous (c) _____ ?

L'HOMME   Je me suis levé à sept heures et demie.

LE DOCTEUR   Et dans l'après-midi, vous (d) _____ ?

L'HOMME   Non, je ne me suis pas reposé, je n'ai pas eu le temps.

LE DOCTEUR   Et vous êtes étonné d'être fatigué?

LE MARI   Tu (e) _____ ?

LA FEMME   Mais non, je ne me suis pas servie de ton rasoir!

LE PÈRE   Vous (f) _____ ?

LA JEUNE FILLE AU PAIR   Je me suis occupée des enfants jusqu'à 9 heures.

LE PÈRE   Et après, ils (g) _____ ?

LA JEUNE FILLE AU PAIR   Oui, Aurélie s'est couchée à 9 heures et Matthias s'est couché un peu plus tard.

2 Maintenant, écoutez l'extrait 20 et répondez aux questions, en suivant les suggestions mais sans regarder le texte du dialogue.

Activité 33

- Using reflexive verbs in the perfect tense orally
- Making an oral presentation

Enregistrez maintenant une présentation orale d'une minute environ, dans laquelle vous décrivez ce que vous avez fait au cours d'une journée type. Employez des verbes pronominaux au passé composé.

G11 **English equivalents of French reflexive verbs**

The English equivalents of French reflexive verbs (*verbes pronominaux*) do not always involve the words 'himself', 'yourself', etc. or 'each other'. Here are a few examples, showing that there are many different ways to express French reflexive verbs in English.

Ils **se sont absentés** quelques jours et au retour ils **se sont aperçus** que le patron avait pris des décisions sans les consulter, et ils **se sont mis** très en colère.
(s'absenter, s'apercevoir, se mettre)
They were away for a few days and when they came back they realized that their boss had made some decisions without consulting them, and they were very angry.

Je **ne me suis pas méfié(e)** et j'ai attrapé un coup de soleil.
(se méfier)
I wasn't careful enough and I got sunburned.

Elles étaient tellement fatiguées qu'elles **se sont assises** sur le sofa et elles **se sont endormies** immédiatement.
(s'asseoir, s'endormir)
They were so tired that they sat on the sofa and immediately went to sleep.

Ils étaient fiancés, et puis ils **se sont disputés** et **se sont quittés**.
(se disputer, se quitter)
They were engaged and then they quarrelled and split up.

Quand Élise a montré son dessin à ses frères, ils **se sont moqués** d'elle et elle **s'est mise** à pleurer.
(se moquer, se mettre à)
When Élise showed her brothers the picture she'd drawn, they laughed at her and she started to cry.

Les enfants **se sont** beaucoup **ennuyés** dimanche. Il a plu toute la journée.
(s'ennuyer)
The children got very bored on Sunday. It rained all day.

Activité 34

• Using reflexive verbs in the perfect tense in writing

1   Dans ce dialogue entre deux amies, mettez au passé composé les verbes entre parenthèses.

ANNICK   Et alors, ils t'ont tout pris? Et tu ne (s'apercevoir) de rien? Tiens, c'est bizarre! Raconte-moi comment cela (se passer).

SYLVIE   Eh bien, je suis revenue du travail vers 20 heures. Je (s'asseoir) devant la cheminée, et après quelque temps je (s'endormir). Plus tard, je (se réveiller) soudain. La lumière n'était plus allumée: je (me demander) pourquoi, et puis je (s'apercevoir) que la porte-fenêtre était ouverte aussi…

2   Lisez l'histoire ci-dessous et complétez le texte en mettant au passé composé les verbes entre parenthèses.

> Hier soir, nous (beaucoup s'amuser) à la fête; vers minuit, nous (se mettre) en route pour trouver l'hôtel, qui était à la campagne, pas loin de la ville. Nous (s'installer) dans notre chambre, et nous (s'endormir) tout de suite. Le matin, je (se réveiller) brusquement. Quelque chose n'allait pas. J'ai réveillé mon mari et je lui ai dit que j'avais peur. Il (se moquer) de moi, mais à ce moment-là, nous avons entendu un bruit extraordinaire, terrible, puis plus rien, le silence. Roger (s'exclamer), 'Mais qu'est-ce qui se passe?'. Alors nous (se lever) et nous sommes allés regarder par la fenêtre. Dehors, dans le jardin de l'hôtel, tout semblait absolument tranquille. Nous (s'apercevoir) qu'il y avait de beaux oiseaux, grands comme des cygnes. Et soudain, les oiseaux (se mettre) à crier – mais quel cri! Le même cri épouvantable! C'étaient des paons – ils sont bien beaux, mais ils ont une voix à réveiller les morts!

3   Écrivez maintenant une soixantaine de mots pour décrire un événement qui vous est arrivé. Employez cinq ou six verbes pronominaux différents.

Activité 35 ⬛ EXTRAIT 21

- Using reflexive verbs in the perfect tense in writing and orally

1   Vous avez rendez-vous avec votre amie Monique. Elle est en retard. Enfin, la voilà. Complétez la conversation en employant les mots donnés entre parenthèses (vous vous tutoyez).

MONIQUE   Désolée d'être en retard. Je me suis dépêchée, pourtant!

(se réveiller – tard – ce matin?)

VOUS   _____

MONIQUE   Oui, et ma mère s'est mise en colère.

(se fâcher – aussi – n'est-ce pas?)

VOUS   _____

MONIQUE   Oui, et on s'est disputées.

(parce que – se lever – tard?)

VOUS   _____

MONIQUE   Oui, et parce que je me suis absentée tout le week-end sans les prévenir.

(s'amuser – au moins?)

VOUS   _____

MONIQUE   Non, je me suis ennuyée. Je suis allée voir Josette à Caen.

(aller à Caen – et s'ennuyer?)

VOUS   _____

MONIQUE   Oui, parce qu'on est restées tout le temps dans l'appartement.

VOUS   (vous – ne pas – se promener dans la ville?)

VOUS   _____

MONIQUE   Non, il a plu tout le temps.

2   Vérifiez vos réponses dans le corrigé, puis écoutez l'extrait 21 et participez au dialogue en suivant les indications et sans regarder le corrigé.

Vous allez maintenant faire la connaissance d'Yvonne, qui a acheté une 'maison de rêve' pour sa famille et qui a beaucoup de difficultés à rembourser son crédit.

Activité 36 ▢ UNE MAISON DE RÊVE 06:12–10:52

- Noting main points from a conversation about being in debt
- Recognizing vocabulary relating to financial obligations

1   Associez les expressions de la colonne de gauche à leur équivalent anglais.

(a) comme par hasard	(i) affordable
(b) atterrit	(ii) (a house) ready to move into
(c) un gros crédit	(iii) a game
(d) abordable	(iv) decorated/adapted
(e) (une maison) clés en main	(v) a difficult situation
(f) tapissée	(vi) as if by chance
(g) une partie	(vii) it hurts
(h) aménagée	(viii) at present
(i) ça fait mal	(ix) turns up (literally, 'lands')
(j) l'embarras	(x) a heavy mortgage
(k) à l'heure actuelle	(xi) wallpapered

2   Regardez la séquence vidéo, et décidez si l'information donnée dans les phrases suivantes est exacte ou pas en cochant une des cases. Corrigez en français les phrases qui donnent une information inexacte.

	Exact	Inexact
(a) Yvonne et sa famille ont décidé d'acheter cette maison parce qu'elle était belle et paraissait facile à acheter.	❑	❑
(b) Cette maison représentait le rêve parce qu'elle ressemblait à un HLM.	❑	❑
(c) Cette maison est située dans un bon quartier.	❑	❑
(d) Ce rêve est devenu un cauchemar à cause…		
(i) de la maladie des enfants.	❑	❑
(ii) du chômage du mari.	❑	❑
(iii) de l'inflation.	❑	❑
(iv) du manque d'argent en général.	❑	❑
(e) Yvonne pense qu'ils ont maintenant un salaire suffisant pour payer les études des enfants et leur entretien.	❑	❑

Activité 37 🖳 UNE MAISON DE RÊVE   06:12–10:52

• Listening for detail

1   Regardez de nouveau la séquence vidéo et réécoutez attentivement ce que dit Yvonne.

2   Comment est-ce qu'Yvonne décrit la manière de procéder adoptée par le représentant? Cochez la bonne réponse.

(a) Il a été honnête.   ❑

(b) Il était désintéressé.   ❑

(c) Il a essayé de les tromper.   ❑

3   Voici un résumé des avantages de la maison que le représentant a mentionnés pour persuader Yvonne et son mari de l'acheter. Corrigez ce qui est incorrect.

> Le quartier n'est pas très bien, mais il est très animé: vous aurez beaucoup de voisins. Il faut restaurer la maison, mais elle a une jolie cour où les enfants pourront jouer. La maison est un peu chère, mais il n'y a rien à avancer, donc elle est facile à obtenir. Ce n'est peut-être pas une maison idéale, mais vous serez heureux!

4   Voici deux résumés de ce que dit Yvonne vers la fin de la séquence vidéo. Choisissez le bon.

(a) Selon Yvonne, le représentant n'est pas responsable de leur situation, mais plutôt la situation économique. Il va être là pour les aider. Mais Yvonne se voit comme victime, parce qu'elle n'a pas reçu de conseils. Elle accuse les sociétés qui nous bombardent de publicités ('nous font voir de belles choses') et persuadent les gens modestes qu'ils vont pouvoir arriver à rembourser de gros crédits. Elle dit que c'est très dur pour sa famille de payer la maison, mais qu'ils vont y arriver, donc elle est optimiste pour l'avenir.

(b) Selon Yvonne, le représentant est totalement responsable de leur situation et il ne va pas être là pour les aider. Yvonne se voit comme victime, et pense qu'elle n'est pas la seule. Elle accuse les sociétés qui nous bombardent de publicités ('nous font voir de belles choses') et qui persuadent les gens modestes qu'ils vont pouvoir arriver à rembourser de gros crédits. Elle dit que les gens comme elle et sa famille vont toujours avoir des revenus inadéquats. Elle n'a pas beaucoup d'espoir pour l'avenir.

3.4 Entre l'enclume et le marteau

Certaines familles sont vulnérables à l'endettement et se trouvent donc 'entre l'enclume et le marteau'. Nous allons maintenant étudier un article du journal *l'Humanité*, de tendance communiste, qui a souvent publié des reportages au sujet du surendettement, reconnu comme un problème majeur en France. L'article traite d'un documentaire diffusé à la télévision française.

Activité 38

• Finding out about a family's debt situation

1 Lisez l'article ci-dessous, qui décrit la situation d'une famille qui vit du salaire minimum, et qui a de sérieux problèmes d'endettement.

VIVRE AVEC LE SMIC

La réalisatrice Chantal Lasbats […] a vécu avec une famille du Plessis-Trévise (Val-de-Marne) qui a le SMIC pour ressource. Ce film donne à voir la réalité du quotidien de Bruno et Marie-Thérèse et de leurs quatre enfants, dans un quatre pièces propret d'une cité HLM. Il travaille de nuit et fabrique des pièces détachées pour des voitures françaises pour 6 600 F* brut par mois.

Elle ne travaille pas. Ils ont 3 400 F d'allocations familiales, ont accumulé une dette de 160 000 F et sont interdits de chéquier depuis quatre ans.

Les problèmes de surendettement (trois crédits CETELEM imprudemment contractés, un service de porcelaine de Limoges à 10 000 F acheté à crédit) s'expliquent quand on voit vivre cette famille. Elle tente tant

* L'euro valait 6,5 F en 2001.

bien que mal de joindre les deux bouts, a renoncé à la cantine pour les enfants et les habille chez Emmaüs tout en rêvant dans les grandes surfaces, supplice de Tantale pour ceux qui ont le porte-monnaie vide.

Heureusement, un ancien comptable à la retraite, aujourd'hui au Secours catholique, démêle pour eux la paperasserie. […] Les enfants rieurs et graves comprennent la situation. Mais Bruno est en CDD et la hantise du chômage est présente alors que toutes les fins de mois, le frigo est vide et qu'il faut aller quémander de l'aide, avec le fol espoir de gagner un jour au Loto.

(*L'Humanité*, 19 septembre 1998)

Pour vous aider

le SMIC (salaire minimum interprofessionnel de croissance)   index-linked minimum wage

quotidien (m.)   everyday life (also means 'a daily paper')

CETELEM   a consumer finance company

supplice (m.) *de Tantale*   torment, painful and tantalizing experience

Secours catholique   a Catholic charity

CDD (m.) *(contrat à durée déterminée)*   a fixed-term contract

2   Regardez cette liste d'expressions, et trouvez dans le texte leurs équivalents français.

   (a) film-maker

   (b) lived

   (c) gross (income) (i.e. before deductions)

   (d) allowances/benefits

   (e) are trying, somehow/as well as they can

   (f) to make ends meet

   (g) given up school meals

   (h) a retired accountant

   (i) is untangling the paperwork/the red tape for them

   (j) the spectre of unemployment

   (k) to beg for help

3   Répondez aux questions suivantes.

   (a) Selon l'auteur, quelles sont les causes du surendettement de Bruno et de Marie-Thérèse?

   (b) Pourquoi est-ce que visiter une grande surface représente pour eux un 'supplice de Tantale'?

   (c) Comment est-ce que cette situation affecte les enfants?

   (d) Quelle est la grande inquiétude de Bruno, et quel espoir lui reste-t-il, selon l'auteur?

Activité 39 EXTRAIT 22

- Practising pronunciation
- Reading a phonetic transcription

1 Nous donnons ci-dessous une transcription de plusieurs mots et expressions en symboles phonétiques. Essayez d'identifier ces mots et expressions dans le texte.

(a) [kɔtidjɛ̃]

(b) [aʃɛlɛm]

(c) [tʀavaj]

(d) [alɔkasjɔ̃]

(e) [ɛ̃pʀydamɑ̃]

(f) [aʃteakʀedi]

(g) [lɛzabij]

(h) [ləfɔlɛspwaʀ]

2 Voici, enfin, une transcription phonétique d'expressions plus longues. Entraînez-vous à les lire à haute voix, à l'aide de cette transcription, en écoutant l'extrait 22. Cela vous aidera à améliorer votre prononciation, à vous familiariser avec les symboles phonétiques et à bien reconstituer le son des mots français, selon les transcriptions phonétiques de votre dictionnaire.

(a) [səfilmdɔnavwaʀlaʀealitedykɔtidjɛ̃]

(b) [iltʀavajdənyiefabʀikdepjɛsdetaʃepuʀdevwatyʀfʀɑ̃sɛz]

(c) [ɛltɑ̃ttɑ̃bjɛ̃kmaldəjwɛ̃dʀələdøbu]

(d) [syplisdətɑ̃tɑ̃talpuʀsøkiɔ̃ləpɔʀtəmonɛvid]

(e) [laɑ̃tizdyʃomaʒɛpʀezɑ̃t]

(f) [gaɲɛɑ̃ʒuʀolɔtɔ]

Activité 40

- Structuring a text
- Expressing your opinions in writing

Maintenant, c'est à vous de donner votre opinion par écrit sur la société de consommation. Estimez-vous qu'elle nous a apporté plus de bonheur? Que pensez-vous du phénomène du surendettement? Écrivez 100 à 150 mots et structurez bien votre texte en suivant le plan classique de:

- introduction;

- votre opinion;

- conclusion.

N'oubliez pas d'employer des mots charnières, comme par exemple: 'tout d'abord', 'pour commencer', 'puis', 'ensuite', 'alors', 'à ce moment-là', 'cependant', 'par contre', 'en revanche', 'en plus', 'enfin', 'pour finir', 'pour terminer', 'en conclusion'. Essayez d'en inclure au moins six.

Now go back to the study chart for this section, 'Vie à crédit', and review what you have learned, using the chart as a checklist. If you are unsure about something or feel you need more practice and cannot tick the corresponding box just yet, go back to the relevant part of the section and re-do the activities or try out the strategies suggested.

You should now have achieved the learning outcomes shown at the end of the study chart.

L'univers du travail

1 Communications

Study chart

Topic	Activity	Resource	Key points	✔
1.1 *Vous patientez?* (2 h 40)	41	Audio (*Extrait 23*)	• Understanding a business telephone conversation	
	Starting a telephone conversation			
	Spelling out names			
	42	Audio (*Extrait 24*)	• Pronouncing the French alphabet	
	Ending a telephone conversation			
	43	Audio (*Extrait 25*)	• Answering a business telephone call	
			• Taking a message	
	44	Audio (*Extrait 26*)	• Taking down names and addresses	
	45	Audio (*Extrait 27*)	• Telephoning a bank	
			• Spelling out names and addresses	
	Using indirect object pronouns			
	46	Audio (*Extraits 28, 29*)	• Using indirect object pronouns	
1.2 *Rédiger une lettre officielle* (1 h)	47	Text	• Understanding elements of a formal letter	
	Starting and ending a formal letter			
	48		• Writing a formal letter	
	49		• Writing a formal letter	

Topic	Activity	Resource	Key points	✔
1.3 *Mél ou courriel?* (1 h)	50	Text	• Applying e-mail conventions	
			• Writing an e-mail	
	51		• Writing an e-mail	

Learning outcomes

By the end of this section, you should be able to:

- use indirect object pronouns;

- understand and use the French alphabet to spell out names and addresses;

- understand a business telephone call;

- take a telephone message;

- understand and write a formal letter;

- understand and write an e-mail.

Vous abordez ici la communication dans le monde du travail: téléphone, lettre et courrier électronique.

1.1   Vous patientez?

Chantal Miankeba, journaliste à TVPA (Télévison Panafricaine, une chaîne de télévision qui diffuse des émissions dans toute l'Afrique), téléphone aux bureaux du journal *Le Mercure* pour demander un rendez-vous à Roger Legallois, chef du service Afrique.

Activité 41   EXTRAIT 23

• Understanding a business telephone conversation

1   Écoutez l'extrait 23, puis répondez aux questions suivantes.

  (a) Pourquoi est-ce que Chantal ne peut pas communiquer immédiatement avec le service Afrique?

  (b) Quelles informations donne-t-on à Chantal au sujet de Monsieur Legallois?

  (c) Que décide-t-elle de faire, finalement?

2   Écoutez de nouveau l'extrait 23. Trouvez les expressions françaises qui correspondent aux expressions anglaises données ci-dessous.

  (a) May I speak to…?

  (b) Who shall I say is calling?

  (c) I'll put you through to the Africa department.

(d) The extension is engaged.

(e) Will you hold?

(f) He's not here at the moment.

(g) What is it about?

(h) Certainly.

(i) Is that it?

(j) That's right.

G 12 Starting a telephone conversation

The telephone conversation in Extract 23 starts with some quite formal expressions, since here Chantal is phoning an organization. The switchboard operator answers by giving the name of the company; at this point Chantal might have introduced herself by saying:

> Bonjour Madame. Chantal Miankeba de (la société) TVPA.

In the extract though she asks directly to speak to Monsieur Legallois. There are several variations of this request:

> Je voudrais/Je souhaite/J'aimerais/Pourrais-je parler à…?

At this point the operator asks, 'Who shall I say is calling?' (*'C'est de la part de qui?'*). If you want to give your name without being prompted to do so, you can say:

> C'est de la part de… *(+ your name)*

If, as here, the extension (*le poste*) that you want is engaged (*occupé*), or if the person you want to contact is on another line (*déjà en ligne*), you might prefer not to wait (*patienter*) but to call back:

> Merci, je rappellerai.

When you do get through to the person you want to speak to and have checked to confirm this ('*C'est bien…?*' + name), s/he will answer, '*C'est moi-même*' or '*À l'appareil*' ('Speaking').

After these introductions, you may want to make sure you're not calling at an inconvenient moment:

> Je ne vous dérange pas, j'espère?
> *I'm not disturbing you, I hope?*

and will then explain the reason for your call:

> C'est au sujet de/à propos de…
> *It's about…*

G13 Spelling out names

As in many other circumstances, there are times during a telephone conversation when you may not catch a family or place name, or when you are unfamiliar with a name you are given. In such cases, you can always ask for the spelling:

> Comment ça s'écrit?
> *How do you spell that?*

> Pouvez-vous l'épeler, s'il vous plaît?
> *Can you spell that, please?*

Make sure you're familiar with the French names for letters of the alphabet – shown here along with their **phonetic** transcription and grouped according to pronunciation.

- Letters whose names have a similar pronunciation in French and English:

F	[ɛf]
L	[ɛl]
M	[ɛm]
N	[ɛn]
O	[o] (as in *tôt*)
S	[ɛs]
Z	[zɛd]

- Letters whose names end in an 'ee'-sound in English:

    Except for 'E', letters ending in an 'ee'-sound in English – for example 'B' and 'V' – always end in an 'é'-sound (as in *été*) in French.

B	[be]
C	[se]
D	[de]
G	[ʒe] (as in the first syllable of *j'é*coute)
P	[pe]
T	[te]
V	[ve]

- Letters whose names are very dissimilar in French and English:

I	[i] (as in *midi*)
Y	[igʀɛk] (pronounced *i grec*)
J	[ʒi] (as in *gît*e)
X	[iks] (as in *mix*te)
A	[ɑ] (as in *ah!*)
H	[aʃ] (as in *ach*eter)
K	[kɑ] (as in *ca*lme)
Q	[ky] (as in re*cu*ler)
U	[y] (as in *u*ne)
W	[dubləve] (pronounced *double vé*)
E	[ə] (as in *je*)
R	[ɛʀ] (as in m*er*)

- The accents are:

[´]	*accent aigu* (**é** = E-accent aigu)
[`]	*accent grave* (**à/è** = A/E-accent grave)
[^]	*accent circonflexe* (**â/ê/î/ô/û** = A/E/I/O/U-accent circonflexe)
[¨]	*tréma* (**ë/ï** = E/I-tréma)
ç	*C-cédille*

- Other indications of spelling are:

  Europe   *E majuscule*

  européen   *E minuscule*

  c_est   *apostrophe*

  Jean_-Marie   *trait d'union*

If you have to give a name (your own, the street you live in or the hotel you're staying at), rehearse the spelling of it in advance so as not to be caught out if you're asked for it.

Activité 42 💿 EXTRAIT 24

• Pronouncing the
French alphabet

1 Écoutez l'extrait 24, où vous entendrez l'alphabet chanté sur l'air du refrain de la *Marseillaise*.

2 Écoutez de nouveau, et chantez en même temps. Si vous apprenez cette chanson-alphabet par cœur, cela vous aidera à retenir la prononciation de chaque lettre.

G 14 **Ending a telephone conversation**

As you would expect in a business context, the conversation between Chantal and the person she spoke to at *Le Mercure* ended quite formally, although in this case simply:

CHANTAL Au revoir, monsieur, et merci beaucoup.

EMPLOYÉ Mais je vous en prie. Au revoir, madame.

If you called a shop or a bank (etc.) to ask for some information, you might end the conversation with:

Merci de tous ces renseignements.
Thank you for the information.

The person at the other end may well wish you:

Bonne journée./Bonne fin de journée. *(etc.)*
Have a good day./Enjoy the rest of your day. (**not** *'good day'
in the sense of 'hello')*

Activité 43 💿 EXTRAIT 25

• Answering a
business telephone
call
• Taking a message

1 Vous êtes en France chez une amie. Elle dirige une petite entreprise à domicile. Comme elle a dû s'absenter, vous avez proposé de répondre à ses appels. Le téléphone sonne et vous décrochez. Écrivez votre rôle dans le dialogue suivant en employant les équivalents français des indications données en anglais.

VOUS *(Hallo?)*

LE CLIENT Bonjour, pourrais-je parler à Germaine Lamoureux?

VOUS *(She's not in at the moment.)*

LE CLIENT Est-ce qu'elle peut me rappeler?

VOUS *(Yes, of course. What is it about?)*

LE CLIENT C'est à propos du mobilier que j'ai commandé.

VOUS *(Ah, the furniture you ordered. And who's speaking?)*

LE CLIENT   Michel Donnadieu.

VOUS   *(Michel Donnadieu. With two Ns?)*

LE CLIENT   Oui, c'est ça.

VOUS   *(Does Germaine have your telephone number?)*

LE CLIENT   Je pense que oui, mais je vous le redonne à tout hasard. C'est le 06 87 96 78 33.

VOUS   *(Fine, I've got that. Goodbye.)*

LE CLIENT   Je vous remercie. Au revoir.

2   Maintenant écoutez l'extrait 25 et participez à la conversation, sans lire la transcription.

Activité 44 EXTRAIT 26

• Taking down names and addresses

Vous travaillez dans un centre d'appels, et vous notez les coordonnées (le nom et l'adresse) de diverses personnes qui appellent. Écoutez l'extrait 26 pour compléter les notes suivantes.

1   Madame _____ _____ , 25 rue _____

2   Mademoiselle _____ _____ , 39 avenue _____ _____ _____

3   Monsieur _____ _____ , 119 square _____

4   Madame _____ _____ , 11 boulevard _____

5   Madame _____ _____ , 75 cours _____ _____

6   Monsieur _____ _____ , 96 quai _____

Activité 45 EXTRAIT 27

• Telephoning a bank
• Spelling out names and addresses

Écoutez l'extrait 27 et jouez le rôle d'Evelyn Gregory, qui veut obtenir des renseignements sur la possibilité d'ouvrir un compte bancaire en France. Evelyn téléphone à une banque pour obtenir de la documentation. Participez à la conversation en employant les mots suggérés.

G 15 **Using indirect object pronouns**

In the telephone conversations you heard in Activities 41, 43 and 45, there are several examples of verbs followed by the **preposition** *à*, linking them to an **object**. The first one is easy to recognize:

CHANTAL   Est-ce que je pourrais parler **à** Roger Legallois, s'il vous plaît?

Here, 'Roger Legallois' is the **indirect object** of *parler*. It is an **in**direct object because it can only be linked to the verb by a preposition.

Other examples of indirect objects in the conversations you have heard include the following:

Vous pourriez **me** le donner, s'il vous plaît?
*Could you give it **to me**, please?*

Je **vous** le redonne à tout hasard.
*I'll give it **to you** again just in case.*

Je **vous** envoie aujourd'hui même une documentation complète.
*I'll send all the documentation **to you** straight away today.*

In all these cases, the indirect object is normally preceded by the linking preposition *à* when expressed as a noun, but since here it is expressed as a pronoun the preposition is 'hidden': *me* and *vous*, which translate as 'to me' and 'to you' in English. (Note that in English the preposition ('to') may similarly be hidden in cases where the indirect object can be placed before a **direct object** expressed as a noun ('I'll send **you** all the documentation').) In French **these pronouns always come *before* the verb (except when the verb is in the imperative)**.

Here is a list of all indirect object pronouns in French, with examples of how they are used:

me	Tu peux **me** donner l'adresse? *Can you give **me** the address? ('to me')*
te	Nous pouvons **te** prêter l'auto. *We can lend **you** the car. ('to you')*
lui	Je **lui** envoie un fax. *I'm sending **him/her** a fax. ('to him/her')*
se	On **se** donne le bonjour. *We say hello **to each other**.*
nous	Georges va **nous** écrire. *Georges is going to write **to us**.*
vous	Elle **vous** vend la maison? *Is she selling the house **to you**?*
leur	Il **leur** a proposé de l'assistance. *He offered **them** some help. ('to them')*

The order of object pronouns

Now look again at one of the examples taken from the telephone conversations:

Je **vous le** redonne à tout hasard.

Here, the verb has two objects, one direct (the telephone number being given) and one indirect (the person it is being given to) – both of them expressed as a pronoun (*le* and *vous* respectively). Where there is more than one object pronoun in a French sentence, they always appear in the following order, irrespective of whether direct or indirect:

me te se nous vous	le la les	lui leur	y	en

> Je **vous le** donne.
>
> Nous **la lui** vendons.
>
> Elle **me la** passe.

See your grammar book for further explanation and examples of usage of object pronouns (direct and indirect).

Activité 46   EXTRAITS 28, 29

• Using indirect object pronouns

1 Réécrivez les phrases suivantes en remplaçant la préposition et le nom donné comme objet indirect par un pronom.

> ### Exemple
>
> Je vais téléphoner **à Pierre**.
>
> Je vais **lui** téléphoner.

(a) Nous allons vendre notre ferme **à Madame Perrin**.

(b) Est-ce que tu peux prêter ton portable **à Georges**?

(c) Elle a téléphoné **à ses parents** ce matin.

(d) Je refuse de vendre la ferme **à ces gens**.

(e) Veux-tu louer l'appartement **à ce jeune couple**?

2 Écoutez l'extrait 28 et refaites cet exercice à l'oral.

3 Retravaillez maintenant les phrases (a), (b), (d) et (e) en remplaçant aussi le nom donné comme objet **direct** par un pronom. Attention à l'ordre des deux pronoms!

4 Écoutez l'extrait 29 et refaites cet exercice à l'oral.

1.2 Rédiger une lettre officielle

Dans la conversation téléphonique du début de cette section, la journaliste Chantal Miankeba n'a pas pu parler directement à Roger Legallois au *Mercure*. Plutôt que de lui laisser un message, elle a décidé de lui envoyer un fax (une télécopie). Comment rédiger une lettre officielle en français?

Activité 47

- Understanding elements of a formal letter

1   Lisez d'abord le fax de Chantal.

TVPA *Télévision Panafricaine*

15, rue des Chapeliers, 75009 Paris
Tél.: 01 98 69 43 00 73 / Fax: 01 98 69 43 00 47

Le Mercure
79, rue Notre-Dame-des-Près
75209 PARIS

le 5 juillet 2002

À l'attention de M. Roger LEGALLOIS

Monsieur,

Je prépare actuellement, pour notre chaîne TVPA, un documentaire télévisé sur les multinationales et leur influence en Afrique. Pourriez-vous m'accorder une interview pour en discuter? Votre aide nous serait précieuse.

Si cela vous est possible, pourrais-je vous rendre visite avec deux collègues entre le 10 et le 25 septembre?

Dans l'attente de votre réponse, je vous prie d'agréer, Monsieur, l'expression de mes sentiments les plus cordiaux.

CMiankeba?

Chantal Miankeba
c.miankeba@tvpa.com

Pour vous aider

pourriez-vous could you (from *pouvoir*; this form is the conditional tense of the verb)

serait would be (from *être*; also the conditional tense)

2 Trouvez dans le texte l'équivalent des expressions suivantes.

(a) Dear Sir,

(b) Your help would be invaluable to us.

(c) I look forward to hearing from you.

(d) Yours faithfully

G 16 Starting and ending a formal letter

When writing a letter to an organization, you may need to use some of the following expressions in your heading:

Votre référence:
Your reference:

Objet:
Re:

P.J. ('pièces jointes')
Encl:

À l'attention de
For the attention of/FAO:

These are placed above the salutation (*Monsieur, Madame*, etc.) on the left-hand side of the page – although the enclosure(s) may alternatively appear at the foot of the letter. Note also that the address of the person you are writing to is placed on the right of the page (just above or below the date), as shown in the last activity.

You will notice also that in formal correspondence, French-speakers do not address the recipient by name, but simply as *Monsieur, Madame, Messieurs* (the plural of *monsieur*, and the origin of the English title 'Messrs'), or by a title such as *madame le ministre, monsieur le maire*. If you know the addressee personally, but are writing in a formal context, you could start with *Cher/Chère collègue*, or *Cher Monsieur*, etc.

Another difference from English usage is that there is a much wider range of closing formulae that can be used. Here are three examples:

Nous vous prions d'agréer, Monsieur, l'expression de nos sentiments distingués.

Je vous prie de croire, Monsieur/Madame, à mes sentiments respectueux.

Nous vous prions d'accepter, Mesdames/Messieurs, l'assurance/l'expression de nos salutations distinguées.

You can preface your chosen formula with one of the following phrases to express thanks or indicate that you would like to hear back soon:

> Nous vous remercions/Je vous remercie d'avance et…
> *Thank you in advance…*
>
> Dans l'attente de votre réponse…
> *I look forward to your reply…*

If your dictionary has a 'Language in Use' or 'Communicative Grammar' section you will find further information on letter-writing there.

Activité 48

• Writing a formal letter

Un de vos amis, qui parle le français mais ne sait pas bien l'écrire, veut s'installer en France. Il vous demande de l'aider à écrire une lettre en français. Lisez ci-dessous ce qu'il veut y mettre, puis écrivez la version française.

> Mairie de Saint-Pardoux
> F-88326 Saint-Pardoux
> France
>
> Fax: 00 33 7 48 58 61 32
>
> Dear Sirs,
>
> I would like to rent a house in Saint-Pardoux, and am writing to ask if you could send me a list of properties to rent in the village.
>
> With many thanks in advance.
>
> Yours faithfully,

Activité 49

• Writing a formal letter

Vous voulez obtenir des renseignements sur la ville de Saint-Donat dans les Pyrénées. Rédigez une lettre à l'office du tourisme (19, avenue des Sorbiers, F-26924 Saint-Donat) pour leur demander de vous envoyer une documentation. Vous voulez des informations sur:

• la ville et ses alentours/sa région;

• ses sites d'intérêt;

• les possibilités d'hébergement (hôtels, chambres d'hôtes, gîtes ruraux), ville et campagne.

1.3   Mél ou courriel?

Parmi les nouvelles formes de communication qui sont apparues vers la fin du XXe siècle, le courrier électronique ou e-mail présente des avantages remarquables bien connus. Mais il a aussi apporté, bien sûr, de nouveaux problèmes et de nouveaux périls. Tout d'abord, quel terme employer, en français, si on ne veut pas adopter le terme anglais *e-mail*, et si on veut trouver quelque chose de plus court que 'courrier électronique'? Les autorités françaises ont proposé 'mél' (sur le modèle de 'tél' pour 'téléphone') et au Canada francophone on dit 'courriel' (abréviation de 'courrier électronique') – qui reste aussi une expression courante. Pourtant on voit souvent aussi 'mail' et 'e-mail'. On a dû également développer des règles pour cette nouvelle forme de communication. Vous allez considérer quelques suggestions qui ont été proposées à cet égard, suivies de deux exemples de mél, pour enfin en rédiger un vous-même.

Activité 50

- Applying e-mail conventions
- Writing an e-mail

1   Lisez le texte ci-dessous.

La nétiquette: quelques principes de base pour la bonne utilisation commerciale du courrier électronique

Objet

Annoncez clairement le contenu de votre message. Par exemple, 'C'est annulé' est vraiment un peu trop vague pour annoncer aux gens le contenu de votre message! Écrivez plutôt, 'Réunion 8 mars annulée'.

Contenu

Commencez et terminez votre mél par une salutation. Soyez bref et allez tout de suite au cœur du sujet. Tout en faisant passer clairement votre message, évitez d'envoyer de grandes quantités d'information non demandée. Et n'attachez pas de gros fichiers sans avoir obtenu le consentement préalable du destinataire.

Tact et politesse

La culture, la langue et l'humour du destinataire peuvent être très différents des vôtres. Faites attention!

Le courrier électronique permet de répondre très rapidement à tout message reçu; attendez pourtant le lendemain pour envoyer une réponse émotive et n'envoyez jamais de messages belliqueux. Évitez d'écrire en majuscules, ce qui crée un effet par trop dramatique. Relisez toujours votre mél avant de l'envoyer, pour éliminer les fautes de grammaire et d'orthographe.

Résistez à la tentation de faire circuler vos e-mails à tout un groupe de personnes, sauf si c'est vraiment utile ou nécessaire.

2   Répondez aux questions suivantes.

   (a) Pourquoi doit-on éviter d'écrire en majuscules?

   (b) En ce qui concerne la politesse, quel danger majeur est-ce que le mél présente, d'après ce texte?

3   Lisez les deux exemples de mél suivants.

Helen.Jason

Adresse:	helen.jason@ez.com
c.c:	
Auteur:	Musée Coligny [coligny@facinet.fr]
Date:	jeu 21/02/02
Heure:	14:12:39
Objet:	Votre demande de renseignements

Madame,

Nous avons bien reçu votre message et vous en remercions.

Voici les réponses à vos questions:

• Le musée est ouvert tous les jours à partir de 10 heures jusqu'à 17 heures, du 15 avril au 10 septembre.

• Il n'y a pas de restauration sur place, par contre il y a deux cafés au bourg de Saint-Pardoux, à 5 km.

En espérant avoir répondu à votre demande, je vous prie de recevoir, Madame, mes salutations distinguées.

Thierry Lemoine

Musée Coligny
e-mail: coligny@facinet.fr
tél: 07.98.47.52.65
fax: 07.98.47.52.85

Marc.Duval

Adresse: Marc.Duval@act.com
c.c:
Auteur: Antoine Leclerc [a.leclerc@infotec.fr]
Date: mer 26/06/02
Heure: 13:57:12
Objet: Mél

Je suis TRÈS FÂCHÉ de votre mél. Nous ne sommes PAS des incapables.
Les probleme en ce qui concerne votre système infromatique sont
ABSOLUMENT INSIGNIFIANTS! Et puis, c'est un cas TOTALEMENT
EXCEPTIONEL. Nous allons envoyé un spésialiste plus tard dans
la semaine.

---

4   Comparez les deux méls en vous référant au texte sur la 'nétiquette'.
     Faites une liste de toutes les transgressions dans le deuxième.

5   Réécrivez ce deuxième mél en corrigeant l'orthographe et la grammaire,
     en améliorant le style et en appliquant la 'nétiquette'.   ·

Activité 51

• Writing an e-mail

Un ami vous a parlé d'un superbe gîte, Les Parpaillouns, près de la ville de
Nîmes, mais il en a perdu l'adresse. Écrivez un mél au syndicat d'initiative
de Nîmes pour leur demander de vous communiquer les coordonnées du
gîte. Pour commencer, n'oubliez pas d'annoncer l'objet de votre mél.

Now go back to the study chart for this section, 'Communications', and
review what you have learned, using the chart as a checklist. If you are
unsure about something or feel you need more practice and cannot tick
the corresponding box just yet, go back to the relevant part of the
section and re-do the activities or try out the strategies suggested.

You should now have achieved the learning outcomes shown at the end
of the study chart.

2 Le travail au quotidien

Study chart

Topic	Activity	Resource	Key points	✔
2.1 *Rythmes de travail* (4 h 30)	52	Video	• Understanding someone's daily working routine	
	53	Video	• Understanding someone's daily working routine	
	Understanding verbs beginning with *re-*			
	54	Video	• Understanding people's working hours	
	55	Video	• Understanding a description of an occupation	
	Pronouncing liaisons			
	56	Audio (*Extrait 30*)	• Recognizing and pronouncing liaisons	
	57	Text	• Understanding a text about an unusual working routine	
			• Understanding French slang	
	58		• Reacting to different working routines	
			• Stating a reason	
			• Expressing an opinion	
	59	Audio (*Extrait 31*)	• Describing the pattern of your day	
			• Making an oral presentation	
	60		• Describing your own daily working routines	
2.2 *Le pour et le contre* (3 h 20)	61	Audio (*Extrait 32*)	• Describing the advantages and disadvantages of a job	
			• Summarizing information	
	62	Audio (*Extrait 33*)	• Describing the demands and pleasures of a job	
	63	Video	• Identifying people's views of their work	
	64	Video	• Exploring the advantages and disadvantages of a job	

Learning outcomes

By the end of this section, you should be able to:

- use verbs beginning with *re-*, make liaisons and understand some slang;

- understand and explain daily working routines;

- understand and explain the advantages and disadvantages of different occupations and patterns of work, and give your views on them;

- write about trends in working patterns;

- understand influences on career choice and express your opinions about priorities when choosing a career.

Vous allez entendre plusieurs personnes parler de leur travail de tous les jours, en ville ou à la campagne. Dans 2.1 Rythmes de travail, on examine les horaires de travail de divers métiers. Ensuite, dans 2.2 Le pour et le contre, plusieurs personnes décrivent les avantages et les inconvénients de leur profession, et expliquent pourquoi elles aiment faire·ce métier. Pour terminer vous remarquerez les nouvelles tendances de choix de carrière par les jeunes à notre époque.

2.1   Rythmes de travail

Nous avons d'abord interviewé deux femmes qui font des métiers ruraux: Colette, qui contrôle une écluse pour le passage des bateaux sur un canal, et Véronique, qui est boulangère à la campagne. Ensuite, nous avons parlé à plusieurs personnes qui travaillent en ville.

Activité 52 🖵 RYTHMES DE TRAVAIL 11:03–12:06

• Understanding someone's daily working routine

1 Regardez la séquence vidéo, et répondez aux questions suivantes.

Pour vous aider

je mets mes panneaux   I put up my signs (from *mettre*)

panneaux (m.pl.) *(de signalisation)*   signs, signals

actionner   to operate

du tout   short for *pas du tout* ('not at all')

(a) Combien d'heures Colette travaille-t-elle par jour?

(b) Est-ce que ses horaires présentent un inconvénient pour les gens qui naviguent sur le canal?

(c) Pensez-vous que ces heures de travail conviennent à Colette? Expliquez votre réponse.

2 Dans ce que dit Colette, trouvez les équivalents français des expressions suivantes.

(a) Come nine o'clock…

(b) I start work again…

Activité 53 🖵 RYTHMES DE TRAVAIL 12:07–14:47

• Understanding someone's daily working routine

1 Regardez la séquence vidéo une première fois, en vous concentrant sur les images.

2 Véronique est boulangère – mais une partie de son travail se fait en dehors de la boulangerie. Que fait-elle exactement?

Pour vous aider

une livraison   delivery

dépôt (m.)   (here) outlet in a shop other than a bakery

Brain   this is the name of the village she supplies

nous klaxonnons   we sound/beep the horn (from *klaxonner*)

3 Regardez de nouveau la séquence. Véronique nous explique le travail qu'elle partage avec son mari. Faites les exercices suivants.

(a) Expliquez les horaires de Véronique. Puis dites si vous pensez que sa journée est fatigante.

(b) Expliquez ce qu'est le 'portage', dans ce contexte, et pourquoi Véronique et son mari le font.

(c) Dans ce que dit Véronique, trouvez les équivalents des expressions suivantes.

(i)   My day goes like this:

(ii)   We go and do a little 'door to door', if I can put it that way.

(iii)   We reopen at four o'clock…

(d) Trouvez deux verbes utilisés par Véronique qui – comme 'rouvrir' – commencent par 'r' et contiennent le sens de 'encore' ou 'de nouveau'.

G 17 Understanding verbs beginning with 're-'

In the two sequences you have just watched, Colette and Véronique used several verbs beginning with *re-*, all of them expressing an idea of return, renewal or repetition:

> … je reprends mon service…
> *I return to work/start work again…*

> Je reviens ici…
> *I come back here…*

> … pour remettre du pain au magasin…
> *… to put some more bread in the shop/to stock the shop back up with bread…*

> Nous rouvrons à 4 heures…
> *We reopen at four o'clock/We open again at four o'clock…*

The **prefix** *re-* is often added to verbs in this way. If the basic verb starts with a vowel, the *re-* being added can combine with this vowel, as in these examples:

> re + acheter = racheter *to buy back*
>
> re + apporter = rapporter *to bring back*
>
> re + assurer = rassurer *to reassure*
>
> re + ouvrir = rouvrir *to reopen*

In other cases the new verb starts instead with *ré-*:

> réécrire *to rewrite*
>
> réentendre *to hear again*
>
> réutiliser *to reuse*
>
> réapprendre *to learn again*
>
> réinstaller *to reinstall*

To avoid ambiguity or misunderstanding, it is important in these cases to pronounce clearly the [e] sound of the 'é'. *Repartir* [ʀəpaʀtiʀ], for example, has a completely different meaning from *répartir* [ʀepaʀtiʀ]: the first means 'to leave/set off again', the second 'to divide/distribute'.

It is worth noting that some *re-* verbs do not involve the idea of redoing something. *Remonter la rue*, for instance, means 'to go up the street', not necessarily 'to go up the street again'. Similarly, *rejoindre ses amis* means 'to join (meet up with) one's friends' and not 'to rejoin one's friends'.

Activité 54 🖵 RYTHMES DE TRAVAIL 14:48–16:58

• Understanding people's working hours

1 Regardez la séquence vidéo, et répondez aux questions suivantes.

Pour vous aider

la faculté de Jussieu a university in Paris

l'acier (m.) steel

une société de conseil en organisation management consultancy

(a) Qui, de toutes ces personnes, travaille le plus longtemps chaque jour?

(b) Qui a le plus de temps libre, et que fait cette personne?

(c) Qui commence le plus tôt, et qui finit le plus tard? Dans quelle(s) profession(s) travaillent ces deux personnes?

2 Regardez de nouveau la séquence, et notez par écrit les différentes questions qui sont posées.

3 Qui – de Médina, Philippe, Djamel, Kamel, Christophe, Thomas et Benoît – dit quoi? Et que disent-ils exactement en français? Remplissez les cases vides de ce tableau.

Nom		Réponse en français
	(I finish fairly late.)	
	(I run several newspapers.)	
	(I'm the one who opens up the shop.)	
	(I work weekends from time to time, but not regularly.)	
	(I finish at about 1.30, 2.00.)	
	(I take over from 2.00.)	
	(It depends on the times of the university, of the classes.)	
	(Lunch between about 12.30 and 2.00, roughly.)	

Activité 55 🖵 RYTHMES DE TRAVAIL 16:59–17:34

• Understanding a description of an occupation

1 Regardez la séquence vidéo, et choisissez parmi les adjectifs de la liste suivante ceux qui décrivent le mieux Max.

(a) tendu ☐

(b) détendu ☐

(c) stressé ☐

(d) anxieux ☐

(e) serein ☐

(f) déprimé ☐

(g) de bonne humeur ☐

2 Regardez la séquence encore une fois, et complétez la transcription ci-dessous.

Pour vous aider

dessinateur (m.)   draughtsman

saltimbanque (m./f.)   entertainer

QUESTION   Monsieur, (a) _____ ?

MAX   J'étais (b) _____ dessinateur industriel. Je dis bien
(c) _____ .

QUESTION   Et maintenant?

MAX   Aujourd'hui, je, je suis un saltimbanque de rue. J'(d) _____
dans la rue, tous les jours. Ma passion, la musique!

QUESTION   Et quels sont vos horaires de travail?

MAX   (e) _____ , je n'ai pas d'horaires. Je marche à l'intuition. Au
moment présent, (f) _____ critères extérieurs, du temps, des gens,
de mon (g) _____ aussi.

G 18 **Pronouncing liaisons**

The term 'liaison' applies to a link formed in spoken French between
two words, where the second word begins with a vowel sound and so
the ending of the first word, which is usually silent, is pronounced.
Here are some examples from the video:

COLETTE   dans‿une écluse [dɑ̃zyneklyz]

VÉRONIQUE   six‿heures et demie [sizœɾedəmi]

VÉRONIQUE   il faut‿aller [ilfotale]

MÉDINA   ça dépend des‿heures de la fac
[sadepɑ̃dezœɾdəlafak]

PHILIPPE   de temps‿en temps [dətɑ̃zɑ̃tɑ̃]

QUESTION   vos‿horaires de travail [vozɔɾɛɾdətɾavaj]

Understanding this pattern can help you follow spoken French more easily: for instance, as these examples show, what sounds like a long word with a 'z' sound in the middle will sometimes turn out to be two words, the first ending in what is normally a silent 's', 'x' or 'z'.

Note also that when followed by a vowel sound:

- an 'f' at the end of a word is pronounced as a 'v';
- a 'd' is pronounced as a 't'.

> dix-neuf ans [diznœvã]
>
> quand on est jeune [kãtɔ̃neʒœn]

There are occasional exceptions to this pattern: for instance, the 't' in *et* is not pronounced when followed by a vowel sound, to avoid confusion with *est* (otherwise *un homme et une femme* [œ̃nɔmeynfam] would sound like *un homme est une femme* [œ̃nɔmɛtynfam]). You will gradually become more aware of liaison patterns the more you listen to French being spoken.

Activité 56 💿 EXTRAIT 30

- Recognizing and pronouncing liaisons

Écoutez l'extrait 30, en faisant bien attention aux liaisons que vous entendez. Répétez-les pendant les pauses.

Voici maintenant une autre personne qui a des horaires vraiment pas comme tout le monde: Babeth, 34 ans, célibataire, qui travaille dans les relations publiques internationales.

Activité 57

- Understanding a text about an unusual working routine
- Understanding French slang

1   Lisez le texte ci-dessous, et répondez aux questions qui le suivent.

[...] « Demain je file en Suisse, vendredi je suis à Londres, retour au bureau en fin de journée. Et samedi je prends l'avion pour San Francisco… […] Mon angoisse, à chaque fois que j'arrive dans un aéroport, c'est d'avoir oublié mon passeport. Je jongle avec tellement de trucs, le boulot quotidien plus tous les aléas des voyages (horaires d'avion, voiture de location, me repérer dans une ville que je ne connais pas, etc.) que les trois quarts de mon énergie sont pompés par tout ça. Alors, forcément, il y a des ratés. Pas trop au niveau professionnel, là je suis en concentration totale, à 100% tout le temps. En revanche, le coup du passeport oublié, ça m'arrive. Mon sac à main aussi, parfois. Jamais mon sac à dos, mon PC portable est dedans, ce serait la fin de tout si je le perdais. Comme mon téléphone portable, d'ailleurs. Pour faire simple, mon bureau, c'est moi. Je squatte n'importe où pour bosser: j'ai tout ce qu'il faut sur moi, tout le temps. Mes collègues sont partout dans le monde. Ceux du bureau parisien ne sont pas forcément les plus proches. Et je vis plus à l'hôtel que dans mon appart. Évidemment, j'aime ça, je ne pourrais jamais bosser comme tout le monde. […] »

(version abrégée d'un article de *Libération*, 31 janvier 2000)

Pour vous aider

il y a des ratés (slang)   sometimes I slip up/mess up

(a) Qu'est-ce qui est exceptionnel dans la vie professionnelle de Babeth?

(b) Pourquoi les deux objets illustrés à gauche sont-ils si indispensables pour Babeth?

(c) Est-ce qu'elle aimerait avoir une vie plus 'normale'?

2   Ce texte, qui reproduit le langage parlé de Babeth, contient plusieurs mots ou expressions qui appartiennent à l'argot, comme par exemple 'des ratés'. Repérez au moins six autres mots ou expressions argotiques.

3   Faites correspondre, dans la grille ci-dessous, les expressions dans la colonne de gauche et leurs équivalents (dans ce contexte) dans la colonne de droite.

(a) mon angoisse	(i) aussi
(b) les aléas	(ii) dispersés dans beaucoup d'endroits
(c) me repérer	(iii) de temps en temps
(d) forcément	(iv) m'orienter
(e) au niveau professionnel	(v) les impondérables, les hasards
(f) n'importe où	(vi) toutes les choses qui me sont nécessaires
(g) tout ce qu'il faut	(vii) inévitablement
(h) d'ailleurs	(viii) dans n'importe quel endroit
(i) parfois	(ix) sur le plan du travail
(j) partout	(x) ce qui m'inquiète

Like every language, French has a profusion of vivid language which is used constantly in everyday life, but not in formal speech or writing, and which is not regarded as 'correct'. The French language has been policed since the early seventeenth century by the Académie Française, the official arbiter of what is and is not 'correct' French – a control that may have helped to encourage the growth of 'unofficial' language. Whatever the reasons, there is a rich variety of slang in France: indeed academics have devoted entire books to explaining the phenomenon, which often originates with the young who create a whole idiom of their own.

From Babeth's words you have already noted *filer, truc, bosser* and *boulot*, all of which are commonly used. The commuter's lifestyle is often summed up in the phrase *métro–boulot–dodo* (*dodo* being child's language for 'sleep'). Very common, too, are:

- *le fric* 'dough' (money)

- *la bouffe* 'grub' (food)

- *le flic* 'cop' (policeman)

- *le type, le mec* 'bloke' (man)

- *le copain, la copine* 'mate' (friend), boy-/girlfriend

- *dégueulasse, infect* 'lousy', disgusting

Another very common feature of informal French is the abbreviation of standard words: *resto* for *restaurant*, *ciné* for *cinéma* and of course *télé* for *télévision*.

There is also the type of slang known as *le verlan*, from the words *à l'envers* ('back to front') because syllables are switched around. The word *beur*, for instance – used to refer to a French person of North African origin or descent – is derived from *A/ra/be*; similarly *meuf* ('woman') is from *fe/mme*.

Activité 58

- Reacting to different working routines
- Stating a reason
- Expressing an opinion

Dites en soixante-dix à quatre-vingt-dix mots à peu près ce que vous pensez des horaires de travail des personnes interviewées dans les séquences vidéo de cette section. Suivez ce plan:

- Dites quelle est la profession que vous préféreriez, personnellement, ou que vous n'aimeriez pas exercer. Pour cela, vous pouvez utiliser 'j'aimerais/je n'aimerais pas' ou 'je voudrais/je ne voudrais pas', suivi d'un infinitif comme 'faire/me lever/vivre', etc.

- Donnez vos raisons. Pour ceci, vous pouvez relire le texte intitulé 'Stating a reason' du livre *Les quatre saisons*.

Activité 59 💿 EXTRAIT 31

- Describing the pattern of your day
- Making an oral presentation

Votre amie Françoise voudrait vous voir mardi prochain. Vous laissez un message de trente à quarante secondes sur son répondeur pour expliquer votre emploi du temps ce jour-là.

Procédez de cette manière:

- Préparez votre emploi du temps sous forme de notes – par exemple:

  > bureau 9 h–12 h
  >
  > déjeuner 13 h–14 h: ? café/resto
  >
  > bureau 14 h–18 h
  >
  > après, libre → 22 h
  >
  > dernier train 22 h 20

- Préparez quelques expressions que vous voulez utiliser – par exemple:

  > Je peux/ne peux pas te voir entre... et...
  >
  > Je vais déjeuner...
  >
  > À partir de...
  >
  > Jusqu'à...

- Entraînez-vous à formuler votre message oralement.

- Enregistrez votre message.

- Écoutez ensuite l'extrait 31, où est enregistré un exemple de message, et comparez-le avec celui que vous avez enregistré.

- Réenregistrez votre message en incorporant certaines expressions de l'extrait 31, si besoin est.

Activité 60

- Describing your own daily working routines

Décrivez maintenant, en 100 à 150 mots, une de vos journées de travail type (réelle ou imaginaire). Pour vous aider à le faire, relisez les transcriptions audio/vidéo de cette section, et les activités 52 à 54 et 57 et leurs corrigés.

2.2   Le pour et le contre

Nous passons maintenant à ce que les gens pensent de leur métier: est-ce que cela leur plaît? Colette et Claude (le viticulteur que vous avez rencontré dans *Les quatre saisons*) parlent des avantages et des inconvénients de leur travail; nous interrogeons ensuite Djamel et Kamel, Maître Bourgeois et finalement Claire Guyon, une psychologue. Puis deux employés expliquent ce qui, pour eux, constitue la qualité de la vie au travail. Enfin la fleuriste, Jacqueline, nous dit pourquoi son métier lui plaît particulièrement, et vous allez considérer les nouvelles tendances parmi les jeunes vis-à-vis de l'emploi.

Activité 61 💿 EXTRAIT 32

- Describing the advantages and disadvantages of a job
- Summarizing information

Écoutez l'extrait 32, où Colette mentionne trois avantages et un inconvénient de son métier d'éclusière. Quels sont-ils? Décrivez-les en quarante à cinquante mots.

Pour vous aider

un loyer   rent

sur mon lieu d'habitation   where I live

si bien que   (here) so

nourrice (f.)   childminder

Activité 62 💿 EXTRAIT 33

- Describing the demands and pleasures of a job

1   Écoutez l'extrait 33. Avez-vous l'impression que Claude aime son travail de viticulteur ou non?

2   Complétez les phrases ci-dessous pour reconstituer l'essentiel de ce que dit Claude à propos de son travail.

   (a) C'est un métier qui _____ beaucoup de passion, beaucoup _____ .

   (b) C'est un _____ complet…

   (c) … c'est _____ , hein, le… le phénomène de fermentation du vin…

   (d) … à un travail de _____ où on _____ des tas de _____ …

   (e) L'effeuillage, c'est très _____ , […] mais c'est _____ …

   (f) … on est encore parmi les derniers hommes à vivre _____ .

Activité 63 🖥 LE POUR ET LE CONTRE 17:36–18:47

- Identifying people's views of their work

Regardez la séquence et remplissez ce tableau pour indiquer qui dit quoi.

	Maître Bourgeois	Kamel Chelba	Djamel Ahfir
Pour moi, mon métier n'a pas d'inconvénients.			
Me lever tôt, cela me convient.			
J'aime mon travail.			
Dans notre métier, nous portons toute la responsabilité à nous seuls.			
Ce métier me vient de mes parents.			
L'avantage, c'est que nous n'avons pas de patron.			

Activité 64 ▢ LE POUR ET LE CONTRE 18:48–19:26

- Exploring the advantages and disadvantages of a job

1   Regardez la séquence, et dites si, d'après vous, Claire est contente de son métier. Dites pourquoi.

Pour vous aider

a priori   on the face of it, at first sight

2   Regardez la séquence de nouveau, et complétez la transcription ci-dessous.

QUESTION   Parlez-moi des (a) _____ de votre métier.

CLAIRE   Alors, les (b) _____ sont essentiellement la communication qu'on peut avoir avec beaucoup de personnes. (c) _____ les (d) _____ de l'atelier qui sont des

personnes (e) _____ quelquefois mais extrêmement
(f) _____ et qui sont très contentes d'être sur ce
(g) _____ . Donc je peux dire que ce contact-là est
extrêmement (h) _____ pour moi. Les (i) _____ , je,
j'en vois pas vraiment comme ça a priori. Faut dire que j'aime
beaucoup ce que je fais (j) _____ .

3   Sans utiliser votre dictionnaire, donnez l'équivalent anglais des mots et
expressions que vous avez ajoutés ci-dessus.

G 19   Talking about advantages and disadvantages at work

You have already seen ways of describing pros and cons earlier in the
course. Here we focus on them in the context of work.

Claire tells us about *les côtés positifs* of her work; for her there aren't
really any *côtés négatifs*, or negative aspects. Djamel feels the same
way: *'Les inconvénients… il n'y en a pas.'* And about having to get up
early each day he explains, *'Ça m'arrange plutôt'* – actually, it rather
suits him.

In his answers, Maître Bourgeois uses some elegant phrases: *l'avantage
primordial* and *l'inconvénient majeur*.

Claude loves his work as a wine-grower, but recognizes that it is a
demanding job: *'C'est un métier qui demande beaucoup de passion,
beaucoup d'énergie.'* For Claire, it is above all the communication with
people that is rewarding: *'Ce contact-là est extrêmement enrichissant
pour moi'*, whereas Colette appreciates her *logement de fonction* (the
house provided by her employer). Note that *une voiture de fonction* (a
company car) is not a common perk in France.

Here are some other phrases that you might want to use to describe
your own activities:

C'est bien payé/rémunéré.
It's well paid.

C'est passionnant.
It's exciting/fascinating.

On rencontre beaucoup de gens.
You meet lots of people.

Il y a toujours trop à faire.
There's always too much to do.

If you want to concede an adverse point, you can use *c'est vrai que…*
or, in more formal language, *il est vrai que…*

(Il est vrai que) c'est fatigant.
(It's true that) it's tiring.

(C'est vrai que) c'est stressant.
(It's true that) it's stressful.

Activité 65 💿 EXTRAIT 34

• Speaking about advantages and disadvantages at work

• Making an oral presentation

1 Parlez des avantages et des inconvénients de votre profession à vous, ou de n'importe quelle autre. Préparez d'abord des notes, puis enregistrez-vous. Parlez pendant une minute et demie à peu près. Nous vous recommandons de relire les transcriptions audio/video de cette section, 'Le travail au quotidien', et d'utiliser quelques-unes de ces expressions:

- L'avantage (primordial/principal/majeur), c'est que…
- Ça, c'est un avantage.
- Le côté positif, c'est que…
- Le désavantage, c'est que…/il n'y en a pas.
- L'inconvénient (majeur), c'est que…
- Le côté négatif, c'est que…/il n'y en a pas.
- Ça m'arrange plutôt.

2 Écoutez l'extrait 34, où Thierry, qui est acteur, parle de son métier.

3 Imaginez que vous êtes Thierry et parlez du métier d'acteur en employant seulement les notes suivantes. Enregistrez-vous sur votre cassette personnelle.

- **négatif**: insécurité; heures de travail longues; demande beaucoup énergie
- **positif**: libre pendant des semaines – temps, famille – m'arrange; passionnant/enrichissant/pas d'ennui
- adore métier

Activité 66 💿 EXTRAIT 35

• Understanding opinions on quality of life at work

• Summarizing information

1 Vous allez entendre deux personnes qui travaillent dans une grande société aéronautique. Écoutez le début de l'extrait 35 (jusqu'à 'plutôt que de s'affronter') où le premier employé parle de ce qui, pour lui, fait la qualité de la vie dans une entreprise. Il mentionne trois facteurs. Quels sont-ils? Résumez-les en environ cinquante mots.

Pour vous aider

outre   apart from

un atelier   workshop

bruyant   noisy

le style de direction   management style

2 Écoutez le deuxième employé (fin de l'extrait 35). Est-ce que cet homme est d'accord avec le premier sur la qualité de la vie au travail? Répondez en soixante mots à peu près.

Activité 67 ● EXTRAIT 36

- Understanding the demands of someone's job

1 Écoutez l'extrait 36. Selon Jacqueline, quelles sont les trois conditions requises pour être une bonne fleuriste? Citez-les.

Pour vous aider

Qu'est-ce que je pourrais vous dire? What can (literally, 'could') I tell you?

un CAP vocational qualification (short for *certificat d'aptitude professionnelle*)

des emplois-qualifications periods of work experience (to gain qualified status)

les artisanats (m.pl.) small craft industries

2 Écoutez de nouveau l'extrait et complétez la transcription suivante.

> JACQUELINE Je suis fleuriste et je trouve que… enfin, c'est un métier très très très (a) _____ . Je suis très (b) _____ de mon métier. On a un contact avec la (c) _____ vraiment exceptionnel. C'est un métier très, très difficile qui demande un sens artistique, une bonne santé physique et…, mais, ça (d) _____ tous nos problèmes de (e) _____ de (f) _____ et tout ça quand on crée des bouquets. Qu'est-ce que je pourrais vous dire de ce métier? Que ça demande un long apprentissage, hein, que les employées arrivent en apprentissage et ça (g) _____ deux ans pour un CAP. Et après elles ont des emplois-qualifications, ou des (h) _____ qui (i) _____ à peu près deux, trois ans. Faut à peu près, pour avoir une bonne (j) _____ de ce métier, entre sept et huit ans comme tous les (k) _____ , comme ça, de, de fabrication, comme beaucoup, beaucoup de (l) _____ .

À la fin du XXᵉ siècle on pouvait distinguer, chez les jeunes, une nouvelle attitude face au travail. Le texte ci-dessous nous la décrit.

Activité 68

- Exploring priorities when choosing a career

1 Lisez le texte, pour comprendre son sens général.

> Le désir de gagner le plus d'argent possible en travaillant a reculé. Ainsi, les métiers qui, dans l'absolu, ont aujourd'hui les faveurs des jeunes (chercheur, médecin, journaliste, professeur…) ne sont pas ceux qui permettent le mieux de s'enrichir. À l'inverse, les attentes qualitatives tendent à s'accroître: être utile; exercer des responsabilités; participer à un projet collectif; apprendre et se développer sur le plan personnel; avoir des contacts enrichissants; créer.
>
> (Gérard Mermet, *Francoscopie 1999*, p. 249)

2   Regardez cette grille. Faites correspondre les mots et expressions extraits du texte, à gauche, aux équivalents anglais (dans ce contexte) donnés à droite.

(a) a reculé	(i) as an individual
(b) chercheur	(ii) are on the increase
(c) attentes	(iii) has receded
(d) tendent à s'accroître	(iv) expectations
(e) sur le plan personnel	(v) researcher

3   Dites, pour chacun des adjectifs suivants, s'il décrit correctement les jeunes d'aujourd'hui en France selon ce texte. Donnez vos raisons.

(a) positifs

(b) matérialistes

(c) sérieux

(d) égoïstes

Activité 69

- Speaking about your priorities when choosing a career
- Making an oral presentation

Enregistrez une présentation orale de quarante-cinq secondes à une minute de long, pour expliquer ce qui est important, selon vous, dans le choix d'un métier. Pour le faire, vous pouvez réutiliser le vocabulaire de cette section, et peut-être quelques-unes des expressions suivantes:

- Je crois que…/Je trouve que…

- …, c'est très important/c'est essentiel.

- Il est vrai que…

- Sur le plan (+ adjectif/+ 'de' et substantif)

Now go back to the study chart for this section, 'Le travail au quotidien', and review what you have learned, using the chart as a checklist. If you are unsure about something or feel you need more practice and cannot tick the corresponding box just yet, go back to the relevant part of the section and re-do the activities or try out the strategies suggested.

You should now have achieved the learning outcomes shown at the end of the study chart.

3   Conditions de travail et perspectives d'avenir

Study chart

Topic	Activity	Resource	Key points	✔
3.1 *Les salaires* (1 h 10)	70	Video	• Recognizing opinions about earnings	
	Expressing satisfaction and dissatisfaction			
	71	Audio (*Extrait 37*)	• Giving your opinion about your earnings and your job	
	Pronouncing the letter 's'			
	72	Audio (*Extrait 38*)	• Practising pronunciation: [s] or [z]?	
3.2 *Un marché peu ouvert?* (1 h 40)	73	Text	• Considering discrimination in the workplace	
	74	Text	• Considering the position of young people on the labour market	
	75		• Presenting statistical information orally	
3.3 *Plaisirs et peines du travail de nuit* (40 mins)	76	Video	• Working on a video sequence on your own	
3.4 *L'avenir du travail* (3 h 10)	77	Text	• Predicting future trends in the workplace	
			• Working with the future tense	
			• Taking notes	
	Talking about the future			
	78		• Using the future tense	
	79		• Writing about future trends at work	
	80	Audio (*Extrait 39*)	• Predicting the future	
			• Making an oral presentation	

Topic	Activity	Resource	Key points	✔
	81	Text	• Considering your own work	
			• Measuring your stress levels	

Learning outcomes

By the end of this section, you should be able to:

- recognize and use the future tense;

- express satisfaction and dissatisfaction;

- pronounce [s] and [z] appropriately;

- understand opinions about jobs and earnings, and give your own;

- understand information about the labour market;

- summarize statistical information from texts orally;

- talk and write about the future in the workplace.

Le salaire qu'on gagne peut parfois nous rendre heureux ou malheureux. Vous allez maintenant entendre des gens parler de leur salaire et dire s'ils en sont satisfaits ou non. Ensuite, vous allez étudier le problème de la discrimination au travail et considérer le travail de nuit. Enfin, vous allez aussi examiner quelques aspects de l'avenir du travail.

3.1   Les salaires

Les salaires varient beaucoup selon beaucoup de facteurs comme, par exemple, le métier qu'on fait, son niveau de formation, et l'expérience qu'on a sur le lieu de travail. Les attitudes envers l'argent et son revenu personnel peuvent aussi varier beaucoup. Est-ce que les personnes qu'on a interviewées sont contentes de ce qu'elles gagnent?

Activité 70 🖵 LES SALAIRES 19:36–23:56

• Recognizing opinions about earnings

1   Regardez les interviews de cette séquence vidéo, et attribuez les déclarations (a)–(j) aux noms des personnes qui figurent dans l'encadré à la page suivante.

(a) Beaucoup d'argent, c'est moins important pour moi qu'un poste stimulant.

(b) Notre motivation, ce n'est pas vraiment l'argent.

(c) Dans ma profession, les revenus varient beaucoup.

(d) Je suis très satisfait de ma situation.

(e) Mon salaire est totalement inadéquat!

(f) J'ai réclamé à mon patron un salaire plus élevé.

(g) C'est un bon salaire pour quelqu'un qui n'a pas d'expérience.

(h) L'argent que nous recevons ne compense pas toutes les heures que nous travaillons.

(i) Je reçois un salaire excellent.

(j) Ma rémunération n'est pas constante d'année en année.

- Colette
- Benoît
- Nicolas
- Laure
- Maître Bourgeois
- Gilbert Fiorentini
- Philippe
- Thomas

Gilbert Fiorentini

2 Voici une liste d'expressions tirées de ces interviews. Regardez de nouveau la séquence et cochez chaque expression quand vous l'entendez.

(a) de l'ordre de ❑

(b) c'est un salaire qui me convient ❑

(c) ça doit faire […] à peu près ❑

(d) brut par mois ❑

(e) plutôt que ❑

(f) aux environs de ❑

(g) vu les heures qu'on fait ❑

(h) un salaire moyen ❑

(i) tout à fait ❑

(j) c'est pas vraiment payé ❑

(k) en considérant qu'il s'agit d'un premier poste ❑

3   Pour montrer que vous avez compris le sens de ces expressions, réutilisez-en autant que vous pouvez en créant une nouvelle phrase pour chacune.

> ### Exemple
> **Vu les heures qu'on fait**, on est des esclaves!

en passant . . . .

When Nicolas and Thomas are asked how much they earn, they reply:

> NICOLAS   Je gagne 13 000 francs brut par mois.
>
> THOMAS   … net, donc sans compter les charges, etc., je gagne 17 000 francs par mois.

In France, salaries are almost always quoted as a monthly figure, before or after tax, rather than as a weekly or an annual figure – although Philippe, in fact, does give his annual earnings:

> PHILIPPE   Et moi je gagne environ 450 000 francs par an.

Note that the verb *gagner* has at least two possible meanings: 'to earn' (as used here) and 'to win'.

At the time when the video was recorded, people in France were not yet used to the euro – as you can tell from the interviews!

G 20   **Expressing satisfaction and dissatisfaction**

In the video sequence, Dominique Isaac expressed satisfaction with his salary with a useful phrase:

> … c'est un salaire **qui me convient**.

You can add **adverbs** to this in order to strengthen or qualify what you are saying: *ça me convient* **très bien** or *ça me convient* **parfaitement**.

Philippe, too, expressed satisfaction:

> Je suis tout à fait content de ce que j'ai.
> *I'm quite/entirely happy with what I've got.*

This phrase too can be used with or without an adverb. You can say, for instance:

> Je suis content(e) de mon salaire.

> Nous sommes **très/tout à fait** content(e)s de notre nouvel appartement.

> Elle est **assez** contente de son nouveau poste.

Instead of *content(e)*, you could also say *satisfait(e)* in such sentences.

Thomas, who is not so happy, uses a rather formal phrase to introduce an opinion:

> **J'estime que** je (ne) suis pas assez payé du tout.

Note how he adds emphasis to his comment by using ***du tout***, 'not **at all**'.

Activité 71 ⊙ EXTRAIT 37

• Giving your opinion about your earnings and your job

1 Imaginez que vous êtes professeur, et que vous êtes interviewé(e) pour un article sur les salaires et sur le niveau de satisfaction des salariés dans différents métiers. Lisez d'abord ci-dessous le scénario en anglais, et si besoin est, cherchez les mots et expressions que vous allez devoir utiliser: ils sont tous tirés de l'activité 70 que vous venez de faire.

> You earn a starting salary of about 2 000 € per month, before tax. You don't really think that you are well paid, considering the hours you put in, but then you don't really do it for the money. For you the priority is a rewarding job, rather than earning a big salary. All in all you're very happy with your job.

2 Regardez les questions que le journaliste va vous poser:

- Je peux vous poser quelques questions pour notre enquête?
- Que faites-vous dans la vie?
- Je peux vous demander quel est votre salaire?
- Estimez-vous que vous êtes bien payé(e)?
- Ça vous plaît de faire ce métier?

3 Écoutez maintenant l'extrait 37 et répondez pendant les pauses.

G 21 Pronouncing the letter 's'

As the first letter of a word, 's' is always pronounced [s], as in *salaire, satisfaction, si, seulement.* In other positions though its pronunciation can vary and may cause problems for learners of French.

The general rule is as follows:

- a double 's' is always pronounced [s]:

    intéressant [ɛ̃teʀɛsɑ̃]

    assez [ase]

    baisser [bese]

enrichissant [ɑ̃ʁiʃisɑ̃]

dessert [desɛʁ]

poisson [pwasɔ̃]

- a single 's' is pronounced [z] when it occurs between two vowels within a word:

  éclusière [eklyzjɛʁ]

  position [pozisjɔ̃]

  un baiser [œ̃beze]

  désert [dezɛʁ]

  poison [pwazɔ̃]

and when it occurs at the end of a word and a liaison is needed because the next word begins with a vowel:

  ils ont [ilzɔ̃]

- otherwise, 's' is pronounced [s]:

  considérant [kɔ̃sideʁɑ̃]

  mensuels [mɑ̃sɥɛl]

Activité 72   EXTRAIT 38

• Practising pronunciation: [s] or [z]?

1 Lisez les phrases suivantes et appliquez la règle que vous venez d'apprendre pour décider comment il faut prononcer les 's' donnés en gras.

(a) **S**usie e**ss**aie de ne pas lai**ss**er **s**on pa**ss**eport chez elle.

(b) L'experti**s**e de la commi**ss**ion est e**ss**entielle pour cette mi**ss**ion.

(c) Elle a traver**s**é le dé**s**ert en trois **s**emaines.

(d) Il révi**s**ait beaucoup afin de réu**ss**ir à **s**es examens.

(e) Il**s** ont regardé la ver**s**ion anglai**s**e du film.

(f) **S**a **s**incérité était in**s**upportable.

(g) Je **s**uis dé**s**olé(e).

2 Maintenant, écoutez l'extrait 38 et exercez-vous à prononcer ces phrases.

3.2 Un marché peu ouvert?

Vous allez considérer le cas maintenant de deux groupes de personnes qui ont des difficultés sur le marché du travail en France – les immigrés et les jeunes.

Activité 73

• Considering
  discrimination in the
  workplace

1   Il existe, sur le marché du travail en France, une discrimination contre les immigrés. À votre avis, comment est-ce que les employeurs vont justifier cette discrimination?

2   Lisez ce texte, et vérifiez votre hypothèse.

> [… Il] y a actuellement trois fois plus de chômeurs chez les étrangers d'origine non européenne que chez les Français (29,3% contre 9,5%) et près de quatre fois plus chez les jeunes de 22 à 29 ans dont les deux parents sont nés en Algérie que chez les autres Français du même âge (42% contre 11%).
>
> De tels écarts ne peuvent être expliqués seulement par l'écart dans la qualification, qui est loin d'être aussi important. […]
>
> Des enquêtes locales ont aussi établi que la discrimination pouvait toucher 30 à 50% des emplois offerts dans une région. Dans les sondages, de très nombreux employeurs reconnaissent eux-mêmes leur pratique de la discrimination, ils l'assument et la justifient massivement, au nom de la 'préférence nationale' ou du 'contact avec la clientèle'. Et pourtant, chaque année, les condamnations pour discrimination se comptent sur les doigts de la main. […]
>
> […]

(Pierre Tevanian, *l'Humanité*, 31 janvier 2000)

3   Voici quatre mots extraits du texte. Notez ce qu'ils signifient en anglais.

   (a) actuellement

   (b) enquêtes

   (c) assument

   (d) condamnations

4   Répondez aux questions suivantes.

   (a) Les chiffres du chômage prouvent-ils qu'il existe une véritable discrimination contre les étrangers d'origine non européenne?

   (b) Les demandeurs d'emploi dont les parents sont nés en Algérie subissent-ils aussi une discrimination?

   (c) Quelle est la phrase qui indique ce que font les autorités pour combattre cette discrimination? Expliquez son sens.

Activité 74

• Considering the
  position of young
  people on the labour
  market

1   Lisez le texte à la page suivante, pour découvrir ce que des jeunes interviewés par le journal *l'Humanité* pensent de leur situation sur le marché du travail.

Un regard critique sur une société qui ne semble pas prête à les accueillir

[...]

Le monde du travail, un univers impitoyable pour les jeunes

[... L'] intégration dans le monde du travail est d'autant plus difficile que les jeunes s'y sentent exploités, à cause de:

– la précarité des emplois, particulièrement dénoncée par ceux qui arrivent à l'âge d'entrer dans la vie active: 'On a des petits boulots, on nous propose surtout des CDD'; 'Aujourd'hui, on ne peut plus faire de prévisions de carrière', nous disent filles et garçons de 20 à 25 ans.

– la faiblesse des rémunérations: 'On nous exploite, on profite bien de nous'; 'On est mal payé, on ne leur coûte pas cher'; 'On ne peut pas construire avec les salaires offerts aux jeunes', nous disent les 16–25 ans.

Résultat, ils se sentent piégés dans un cercle vicieux qu'ils décrivent avec beaucoup de lucidité: 'Sans expérience pas de travail; sans travail pas d'expérience' et de conclure: 'On ne donne pas leur chance aux jeunes.' Un piège vécu comme une véritable injustice, puisqu'il se referme sur eux, en dépit d'efforts consentis en matière de scolarité, qui non seulement ne sont pas récompensés, mais qui, de surcroît, ne s'avèrent d'aucune utilité: 'Il y a une dévalorisation de nos diplômes, dans toutes les filières'; 'On ne trouve pas forcément du boulot après nos études, malgré nos diplômes', nous disent filles et garçons de 20 à 25 ans.

[...]

(*L'Humanité*, 28 janvier 2000)

Pour vous aider

d'autant plus... que   all the more... since/because

la précarité   insecurity

on ne peut pas construire   you can't make any kind of life for yourself

et de conclure   so they conclude

de surcroît   in addition, moreover

les filières (f.pl.)   programmes of study, study pathways

2   Expliquez le sens, dans ce texte, des expressions suivantes.

   (a) la précarité des emplois

   (b) des petits boulots

   (c) la faiblesse des rémunérations

3   Expliquez pourquoi les jeunes ont l'impression d'avoir perdu leur temps en s'efforçant d'obtenir des qualifications.

Activité 75

• Presenting statistical information orally

Vous êtes journaliste. Préparez, puis enregistrez, pour les actualités à la radio, un bulletin de trente à quarante-cinq secondes environ sur le thème de la discrimination dont souffrent les immigrés sur le marché du travail. Voici quelques structures que vous avez rencontrées, et qui vont vous être utiles pour présenter des informations numériques:

- un sur trois, deux sur dix, etc. *one out of three, two out of ten, etc.*

- 29,3% contre 9,5% (*don't forget to say* neuf **virgule** cinq pour cent) *29.3% as against 9.5%*

- trois fois plus/moins de (*+ noun*) … que *three times as many/fewer (e.g. unemployed people) than*

- trois fois plus/moins (*+ adjective/past participle*) … que *three times more/less (e.g. likely) than*

- un écart de (*+ number/percentage*) *a gap/difference of*

Commencez par l'expression: 'Selon une enquête récente…'.

3.3   Plaisirs et peines du travail de nuit

Maintenant vous avez l'occasion de travailler seul(e) sur une séquence vidéo. Le policier Daniel Rimbaud, qui est brigadier (l'équivalent du *police sergeant* anglais) à Nantes, parle de son métier pendant que ses hommes sont de patrouille dans la ville, pendant la nuit.

Activité 76 ▢ 24:00–28:50

• Working on a video sequence on your own

Pour cette activité vous pouvez relire le texte intitulé 'Working on a video sequence on your own' du livre *Les quatre saisons*.

1   Regardez la séquence une première fois pour vous faire une idée de son contenu. Qu'est-ce que les images vous apprennent sur le travail nocturne de ces policiers nantais? Quelle ambiance règne entre ces hommes? Quelle est l'ambiance dans les rues où ils vont patrouiller? Que se passe-t-il, cette nuit-là?

2   Ensuite, concentrez-vous sur les paroles du brigadier. Voici quelques conseils pour mieux comprendre ce qu'il dit:

- Écoutez toute la séquence, une ou plusieurs fois, pour obtenir une vue d'ensemble de ce qu'il dit.

- Faites la même chose sur des sections plus brèves.

- Choisissez des sections de quelques secondes, et écoutez-les plusieurs fois pour saisir chaque détail. Ne vous découragez pas si, même après cela, certains détails vous échappent. Peu à peu vous allez comprendre de plus en plus de ce qui est dit. C'est un travail qui vous aidera beaucoup à reconnaître les équivalences entre les paroles et la forme écrite des mots.
- Réécoutez maintenant en lisant la transcription et en vous concentrant sur les détails qui vous ont échappé jusqu'à présent.
- Écoutez de nouveau sans la transcription, pour vous assurer que vous reconnaissez maintenant les mots que vous n'aviez pas compris.

Ce travail d'écoute va améliorer votre compréhension orale et vous aider à enrichir votre vocabulaire.

Vous pouvez aussi travailler de cette manière (sans le support d'une transcription) sur des émissions télévisées si vous pouvez les enregistrer, ou sur des films de langue française en vidéo ou en DVD – avec ou même sans sous-titres. Et vous pouvez bien sûr réutiliser la même stratégie avec d'autres séquences vidéo du cours, si vous avez le temps.

3.4   L'avenir du travail

Quel va être l'avenir du travail, et quelles aptitudes vont être essentielles de la part des employés? Examinons quelques prédictions, faites en 1999.

Activité 77

- Predicting future trends in the workplace
- Working with the future tense
- Taking notes

1   Réfléchissez à la question du travail dans les décennies à venir. Notez vos idées sur la question pêle-mêle dans votre Carnet.

2   Lisez le texte suivant, et notez-en les points principaux. Ceci va vous aider à faire une présentation orale plus tard.

Les connaissances resteront [à l'avenir] sans aucun doute importantes, mais peut-être moins que la capacité à les relier entre elles, à en faire une synthèse, à chercher les informations, à les actualiser et à les appliquer dans un contexte particulier.

Le travail en réseau devrait aussi se généraliser, sur un principe qui n'est plus celui de la division du travail mais de l'addition des compétences et de la synergie entre les personnes. Ceci implique des qualités d'ouverture, une bonne capacité relationnelle et de l'humilité.

[…]

La formation scolaire et les diplômes qu'elle permet d'obtenir ne seront pas toujours suffisants pour répondre aux besoins futurs de l'économie et des entreprises, pas plus que la maîtrise des outils technologiques. Certaines qualités personnelles constitueront des atouts importants. C'est le cas notamment des capacités liées au travail avec les autres: communication, animation, ouverture d'esprit, dynamisme. La créativité devrait aussi jouer un rôle croissant dans un monde où les entreprises devront se différencier en innovant.

Ces qualités seront d'autant plus importantes que l'on se situera près du sommet de la hiérarchie. Une enquête réalisée auprès des dirigeants des grands groupes mondiaux montre que l'aptitude à la communication est considérée comme la compétence la plus importante des futurs dirigeants d'entreprises […].

[…]

Les entreprises devront demain faire autant d'efforts à l'égard de leurs salariés que vis-à-vis de leurs clients

Pour réduire les tensions et motiver leurs employés tout en améliorant la productivité, les entreprises devront mettre en œuvre de nouvelles méthodes de gestion des ressources humaines. Cela implique de définir des valeurs et une éthique, de veiller à l'ambiance de travail, d'informer les employés, de favoriser la liberté d'expression et de proposition, de reconnaître les efforts accomplis et les résultats obtenus, de considérer chaque salarié et de lui permettre de progresser. […]

(Gérard Mermet, *Francoscopie 1999*, p. 274–5, 280)

3　Trouvez maintenant dans le texte les équivalents français des expressions suivantes.

(a) to connect

(b) to update

(c) this implies

(d) good interpersonal skills

(e) mastery

(f) increasing

(g) a survey

(h) the ability to communicate

(i) will have to use/apply

(j) ensuring a positive working atmosphere

(k) freedom […] to make suggestions

4 'Resteront' veut dire *will remain*. Que veulent dire les mots et expressions suivants?

(a) ne seront pas toujours

(b) devront

(c) seront d'autant plus importantes

5 Dites, pour chaque phrase donnée dans cette liste, si elle reproduit correctement le sens du texte. Justifiez votre réponse pour chaque phrase en citant les mots du texte.

(a) À l'avenir les connaissances ne seront plus importantes, grâce aux technologies de l'information.

(b) Savoir obtenir, connecter et utiliser les informations sera plus important que de les accumuler.

(c) Savoir travailler en équipe sera important.

(d) Les diplômes ne seront plus importants.

(e) La créativité sera moins importante que de savoir motiver les autres.

(f) Les personnes qui dirigent les entreprises devront posséder des qualités différentes de celles qui seront importantes pour leurs employés.

(g) À l'avenir, le client sera toujours plus important que l'employé.

(h) Pour bien gérer son personnel, une entreprise devra définir son éthique et ses valeurs.

(i) Somme toute, les entreprises devront introduire plus de liberté.

(j) Il sera essentiel de respecter et de valoriser les individus qui travaillent dans l'entreprise, pour qu'elle fonctionne bien.

6 Que pensez-vous des prédictions que fait ce texte? Choisissez un adjectif.

irréalistes • insensées • réalistes • douteuses

G 22 Talking about the future

There are three ways of talking about the future in French.

1 You have already met the commonly used form '*aller* + infinitive' in *Les quatre saisons*. This is used especially when talking about the near future:

> Je vais travailler toute la nuit.
> *I'm going to work all night.*

> Elle va commencer lundi.
> *She's going to start/is starting on Monday.*

2   There is also the **future tense** of the verb. In French this is used in particular:

- when talking about a time in the distant future:

  Les connaissances **resteront** sans aucun doute importantes…
  Knowledge will undoubtedly remain important…

  … les entreprises **devront** se différencier en innovant.
  … companies will have to differentiate themselves from one another through innovation.

- when making a formal announcement with a specific time in the future:

  Cette année la fête **aura lieu** le 17 novembre.
  This year the festival will take place on 17 November.

- when making a prediction:

  Elle **sera** avocate après son baccalauréat et ses études en faculté de droit.
  She will be a lawyer after taking her baccalauréat *and studying law.*

- when referring to the future using an expression of time such as *quand*:

  Quand la guerre **finira**, je les **visiterai**, ces fameuses Pyramides.
  When the war ends, I will visit these famous Pyramids.

  Quand j'**irai** chez ma mère, je me **reposerai**.
  When I go to my mother's I'll have a rest.

  Note that in these two examples the verbs in both halves of the French sentence are in the future tense. This is because both are seen as taking place in a future time frame. Note how both *visiterai* and *reposerai* express an **intention**; contrast this with the following sentence, where both verbs are in the **present tense** and describe a **habit**:

  Quand je **vais** chez ma mère, je me **repose**.

3   Finally, the present tense is used, as it is in English, for actions taking place in the near future:

  Je **pars** demain.
  I'm leaving tomorrow.

  L'émission **commence** à 19 heures.
  The programme starts at 7.00 pm.

The future tense: formation

Refer to your grammar book to revise the formation of the future tense. Remember that the endings remain the same whether they are attached to a verb that has a regular future stem or to a verb that has an irregular future stem.

The future stem of regular verbs is formed as follows:

- verbs with -er and -ir infinitives: add the appropriate ending to the infinitive, e.g. *donner-, finir-* (*je **donner**ai, il **finir**a*);

- verbs with -re infinitive: remove the final '-e' then add the ending, e.g. *vendre → vendr-* and *craindre → craindr-* (*tu **vendr**as, vous **craindr**ez*).

There are no precise rules for forming the irregular future stems of other verbs, but many of the most frequently used verbs have irregular future stems and so they are worth learning. For example:

> être → ser- (tu **ser**as)
>
> avoir → aur- (nous **aur**ons)
>
> devoir → devr- (je **devr**ai)
>
> vouloir → voudr- (elles **voudr**ont)
>
> recevoir → recevr- (vous **recevr**ez)
>
> faire → fer- (je **fer**ai)
>
> voir → verr- (je **verr**ai)
>
> envoyer → enverr- (j'**enverr**ai)
>
> pouvoir → pourr- (je **pourr**ai)

Refer to your grammar book or your dictionary for complete lists.

Activité 78

• Using the future tense   Complétez ce texte, en mettant au futur les verbes entre parenthèses. Attention: il y a des verbes réguliers et d'autres qui ne le sont pas!

> À l'avenir, nous (1) (travailler) davantage en réseaux, et nous nous (2) (organiser) selon des horaires beaucoup plus souples. Nous (3) (avoir) beaucoup plus de liberté au travail. Les entreprises (4) (devoir) apprécier leurs employés à leur juste valeur et respecter leur apport. Elles (5) (être) conscientes de la nécessité de se différencier des autres entreprises, et (6) (définir) des valeurs et une éthique claires pour mieux motiver leur personnel et sans doute aussi pour mériter la fidélité des consommateurs. Elles (7) (se rendre) compte aussi du besoin de créer une bonne ambiance de travail. Tout cela est trop beau pour être vrai? Vous (8) (persuader) peut-être votre patron que non!

Activité 79

- Writing about future trends at work

Un magazine a proposé un concours pour le meilleur court article sur le thème 'Le monde du travail en 2025'. Vous voulez participer au concours. Rédigez un texte de 130 mots environ. Réutilisez quelques-uns des verbes que vous avez utilisés dans l'activité précédente et quelques-unes des idées examinées dans l'activité 77 (1) et (2).

Activité 80 EXTRAIT 39

- Predicting the future
- Making an oral presentation

On vous interviewe pour une émission télévisée sur le thème de l'avenir: comment sera la vie en 2025?

1 Écoutez l'extrait 39, où est enrégistré l'exemple d'une présentation sur le monde et la société en 2025.

2 Relisez le texte dans l'activité 77.

3 Utilisez ces deux ressources pour prendre des notes et pour organiser ce que vous voulez dire vous-même sur ce thème.

4 Parlez pendant une minute et demie, en vous enregistrant.

Activité 81

- Considering your own work
- Measuring your stress levels

Est-ce que le problème du stress au travail vous affecte? Ou le stress des études? Pour terminer cette section voici maintenant un test qui vous permet d'évaluer votre niveau personnel de stress lié au travail.

Complétez le test à la page suivante et comptez les points indiqués par vos réponses.

1 (a) J'adore mon travail. ☐

   (b) Je suis assez content(e) de mon travail. ☐

   (c) Mon travail ne me plaît pas du tout. ☐

4 Les relations humaines au travail sont:

   (a) excellentes; ☐

   (b) généralement assez bonnes; ☐

   (c) souvent conflictuelles. ☐

2 (a) Je suis fier/fière du travail que je fais. ☐

   (b) Je ne suis pas très fier/fière du travail que je fais. ☐

   (c) J'ai honte du travail que je fais. ☐

5 (a) J'ai l'impression de bien maîtriser la quantité de travail que j'ai à faire. ☐

   (b) J'ai quelquefois du mal à maîtriser le volume de travail que j'ai à faire. ☐

   (c) J'ai l'impression d'être constamment submergé(e) par le travail. ☐

3 (a) Mon travail s'accorde bien avec ma vie personnelle. ☐

   (b) Mon travail crée quelques difficultés pour ma vie personnelle. ☐

   (c) Mon travail m'empêche de mener une vie personnelle heureuse. ☐

6 (a) Au travail, je me sens respecté(e). ☐

   (b) J'ai l'impression de ne pas compter pour beaucoup au travail. ☐

   (c) Au travail, j'ai le sentiment de ne compter pour rien. ☐

Voici les scores:

1 (a) 0   (b) 1   (c) 2   **4** (a) 0   (b) 1   (c) 2

2 (a) 0   (b) 1   (c) 2   **5** (a) 0   (b) 1   (c) 2

3 (a) 0   (b) 1   (c) 2   **6** (a) 0   (b) 1   (c) 2

Le résultat maximal de stress se situe à 12 points.

Vous avez 0–3 points?
Félicitations! Vous avez trouvé le métier idéal.
Vous avez 4–8 points?
C'est peut-être le moment de réévaluer votre carrière.
Vous avez 9–12 points?
Vous méritez quelque chose de meilleur!

Now go back to the study chart for this section, 'Conditions de travail et perspectives d'avenir', and review what you have learned, using the chart as a checklist. If you are unsure about something or feel you need more practice and cannot tick the corresponding box just yet, go back to the relevant part of the section and re-do the activities or try out the strategies suggested.

You should now have achieved the learning outcomes shown at the end of the study chart.

4 Entente ou conflits?

Study chart

Topic	Activity	Resource	Key points	✔
4.1 *La bonne entente* (1 h)	82	Audio (*Extrait 40*)	• Considering factors important to good industrial relations	
	Enhancing your listening skills by transcribing			
	83	Audio (*Extrait 40*)	• Transcribing spoken French	
4.2 *Les conflits* (3 h 30)	84	Text	• Examining the role of a French trade union and benefits of membership	
			• Rephrasing a text in your own words in French	
	85		• Giving your opinion on the benefits of trade union membership	
	86	Audio (*Extrait 41*)	• Understanding reasons for dissatisfaction at work	
	Agreeing and disagreeing			
	87	Text Audio (*Extrait 42*)	• Understanding the causes of a strike	
			• Expressing your opinion on strike action	
			• Making an oral presentation	
	88	Audio (*Extrait 43*)	• Presenting a persuasive argument orally	

Learning outcomes

By the end of this section, you should be able to:

- express agreement and disagreement;
- use transcription to enhance your listening skills;
- understand factors that play a role in industrial relations;
- understand written and oral accounts of strikes and their causes;
- express your own opinions on these issues orally.

Vous allez maintenant examiner les relations au travail en France: certains des facteurs qui contribuent à maintenir de bonnes relations, le rôle des syndicats et du patronat, ainsi que l'expérience d'un groupe de travailleurs qui a mené au conflit.

4.1 La bonne entente

Voici tout d'abord un cadre qui décrit les relations sociales dans son entreprise.

Activité 82 EXTRAIT 40

• Considering factors important to good industrial relations

1 Selon vous, quels sont les facteurs qui contribuent à maintenir de bonnes relations dans une entreprise? Faites-en la liste pour vous-même (en anglais, si vous le désirez).

   Pour vous aider

   la concertation consultation

2 Écoutez l'extrait 40, pour découvrir si son contenu correspond à vos idées.

⊙━━ 2 Enhancing your listening skills by transcribing

Transcribing is a skill that has numerous practical applications: you may need to take down a telephone message, make notes from recorded information or write out the lyrics of a song. Transcribing is also, however, valuable in itself as a way of improving your listening skills. And like any skill, there are techniques that you can learn to improve your performance. Here are some suggestions for working with recorded material from this course.

1 Listen to the audio extract or video sequence twice or more before beginning to write, in order to get the overall gist of what is being said.

2 When you start to write, do so on alternate lines. This leaves sufficient space to see clearly what you have written and to recognize any mistakes you might have made. It also gives you room to make any changes you want to make subsequently.

3 Leave out any phrases you find difficult at first, and come back to them later. By concentrating initially on writing down what you are fairly sure is right, you get a solid foundation that you can use to help you build up the rest of the text.

4 When you go back to fill in the gaps, look at what you have already written. It can help you in a number of ways:

   • It will give you some idea of what the recording as a whole is about, and therefore give some indication of what is being talked about in the parts you find more difficult to understand.

   • It will give you detailed help. Look closely at the words surrounding the gaps you are trying to fill in, as they will give clues as to the type of words you are looking for. They may contain grammatical information as to whether you are listening for a verb or a noun. They may indicate the tense or person of a verb you are listening for. They will also give you clues as to the meaning of the missing elements.

5 When you have taken down as much as you can, read through what you have written very carefully. Does it make sense? Depending on whether linguistic accuracy is important for your purpose (as opposed to just understanding the general meaning), are there any grammatical mistakes that need correcting? Bear in mind that some grammatical features don't always affect pronunciation (for example, *pense* and *pensent* are pronounced the same, as are *relation* and *relations*). In particular check verb endings (person and tense) and the agreement of adjectives.

(Bear in mind also that if the passage you are transcribing is a recording of someone speaking spontaneously without a script, it is quite possible that even a native speaker of French may have made grammatical mistakes. Depending on the purpose of your transcript, you may or may not wish to correct these errors.)

6 It often helps to leave your work for a few days and then go back to parts you found 'impossible'. You may find that they have now fallen into place.

7 Finally, when you are happy with what you have written, listen again to the passage and read your transcript at the same time.

Activité 83   EXTRAIT 40

- Transcribing spoken French

1 Écoutez l'extrait 40 une deuxième fois et complétez la transcription suivante.

CADRE   Je, je ne suis pas le chargé des relations sociales,_____
_____ de l'entreprise. Je dirai seulement qu'ici, _____
_____
_____
_____ , où tout était _____
_____
_____ , je puis _____
_____ , ça contribue au, à la _____
_____
_____
_____
différent de ce que l'on peut _____
_____ en France.

2 Répondez aux questions suivantes.

(a) Quelles sont les expressions employées par ce cadre pour donner plus de poids à ce qu'il dit?

(b) Quels sont les mots charnières qu'il emploie?

(c) Dans cette entreprise, quel est le principe qui domine les relations sociales, et pourquoi?

(d) Quelle était la situation dans les autres entreprises où ce cadre a travaillé?

4.2   Les conflits

Vous allez étudier maintenant deux autres aspects des relations sociales en France: le rôle des syndicats et les grèves.

en passant . . . .

En France il existe plusieurs groupements de syndicats: les fédérations syndicales. Parmi elles, trois regroupent la majorité des adhérents. La plus ancienne est la CGT (Confédération générale du travail), qui a des liens avec le parti communiste. La CFDT (Confédération française démocratique du travail) est affiliée traditionnellement au mouvement socialiste. FO (Force Ouvrière), la troisième grande fédération, n'a pas d'affiliation politique.

Il existe aussi la CFTC (Confédération française des travailleurs chrétiens), et une jeune fédération, SUD (Solidaires, Unitaires, Démocratiques).

Les cadres, eux, sont représentés par la CFE-CGC, ou Confédération française de l'encadrement/Confédération générale des cadres. (Comme l'indique cet organigramme d'une entreprise typique, les membres du conseil d'administration sont des 'cadres supérieurs', tandis que les directeurs des autres services sont des 'cadres moyens'.)

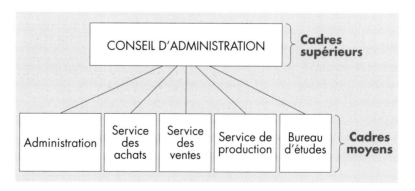

Les patrons sont représentés par plusieurs organisations, notamment le MEDEF (Mouvement des entreprises de France) et la CGPME (Confédération générale des petites et moyennes entreprises).

La France est en fait le pays de l'Europe occidentale où le taux de syndicalisation – le pourcentage des salariés qui adhèrent à un syndicat – est le plus faible: moins de 10%.

Activité 84

• Examining the role of a French trade union and benefits of membership

• Rephrasing a text in your own words in French

1   Voici l'extrait d'une page du site Internet de la CFDT. Lisez le texte une première fois, pour découvrir quels sont les caractéristiques et les objectifs de la CFDT.

Pourquoi adhérer à la CFDT?

La première fonction de la CFDT est de défendre et d'étendre les droits de tous les salariés: emploi, salaire, conditions de travail, protection sociale, égalité professionnelle, respect de la dignité de chacun.

La CFDT est une force. C'est la première organisation syndicale française par le nombre d'adhérents: 830 601 fin 2000. Environ 1 500 syndicats sont actifs et représentatifs dans tous les secteurs professionnels. La CFDT est nationalement en progression constante dans les élections professionnelles: comités d'entreprises, délégués du personnel, conseils de prud'hommes […]

La CFDT développe la solidarité. Elle agit pour briser les frontières entre ceux qui ont un emploi et ceux qui en sont privés, entre les différentes catégories de salariés, entre les générations.

La CFDT est démocratique. Elle écoute, informe, interroge, associe chaque adhérent – et à travers eux tous les salariés – à l'élaboration de ses propositions et aux actions qui les font aboutir.

La CFDT agit pour l'émancipation. Elle offre aux salariés, à travers leur acte d'adhésion, la possibilité de participer à leur devenir individuel et collectif. Elle se bat pour le droit à la dignité, le respect des droits de l'homme et la défense des libertés.

En adhérant à la CFDT, vous choisissez:

– un syndicat fort, efficace, démocratique, ambitieux,

– un syndicat où vous avez toute votre place.

Droits et devoirs de l'adhérent CFDT?

En adhérant à la CFDT, vous avez des droits et des devoirs.

Les droits de l'adhérent

Droit à l'information, droit à la défense juridique [...], droit au soutien en cas de grève.

[...]

Les devoirs de l'adhérent

Payer régulièrement ses cotisations et respecter les règles de fonctionnement démocratique.

[...]

Comment adhérer à la CFDT

La CFDT est présente dans votre entreprise: contactez un militant CFDT, il répondra à vos questions et vous donnera les informations que vous désirez.

La CFDT n'est pas présente dans votre entreprise: ce site vous offre plusieurs possibilités.

[...]

(http://www.cfdt.fr/dexbienvenue.htm)

Pour vous aider

comités (m.pl.) *d'entreprise*   works councils/company social committees

conseils (m.pl.) *de prud'hommes*   elected industrial tribunals

un militant   active member of a trade union

2   Trouvez dans le texte l'équivalent des mots et expressions qui suivent.

(a) élargir

(b) membres

(c) personnes qui représentent les travailleurs

(d) qui n'en ont pas

(e) consulte

(f) qui les réalisent

(g) du fait de devenir membre

(h) influencer leur avenir

(i) elle combat

(j) qui obtient des résultats

(k) vous avez un rôle important à jouer

(l) devant les tribunaux

(m) aide

(n) contributions

(o) un adhérent actif

3   Expliquez (en vos propres mots) à quelqu'un qui n'a pas lu ce texte:

(a) ce qui est exprimé dans le paragraphe 'La CFDT développe la solidarité';

(b) ce qui est exprimé dans le paragraphe 'La CFDT agit pour l'émancipation';

(c) quels sont les avantages spécifiques offerts aux membres de la CFDT, selon le paragraphe 'Les droits de l'adhérent'.

Activité 85

• Giving your opinion on the benefits of trade union membership

Relisez l'extrait de la page Internet de la CFDT et notez quels sont, pour vous, les trois avantages les plus importants de l'adhésion à la CFDT. Écrivez une cinquantaine de mots pour justifier votre choix. Pour cela:

*   employez des expressions pour exprimer votre avis, telles que 'à mon sens/à mon avis', 'je trouve/j'estime/je considère que', etc;

*   utilisez aussi les phrases 'avoir droit à' (suivi par un nom) et 'avoir le droit de' (suivi par l'infinitif d'un verbe) – par exemple:

Vous avez droit à l'information.
You are entitled to information.

Vous avez le droit de recevoir de l'information.
You have the right to receive information.

en passant . . . .

The word *grève* ('strike') has a colourful history. Its original meaning was 'shore, bank, strand' (of a river), as used also in The Strand in London. In Paris, near to where the Hôtel de Ville is today, there used to be a large square that extended as far as the River Seine which took its name – place de Grève – from its riverside location. It was a place of public entertainment, but is most remembered as the site of public executions before and during the French Revolution. Like The Strand in London, it was also a hiring-ground where the unemployed would gather to be hired by employers. The term *en grève*, which originally described someone without a job, came to be used to describe someone who was on strike from work.

There are many different types of strike, as the following examples show:

faire la grève du zèle   *to work to rule*

une grève générale   *a general strike, all-out strike*

une grève sur le tas   *a sit-down strike*

une grève sauvage   *a wildcat strike*

une grève de solidarité   *a sympathy strike*

une grève surprise   *a lightning strike*

une grève symbolique   *a token strike*

These terms all belong of course to the context of industrial relations. The word *grève* is also used in the expressions *grève de la faim* ('hunger strike') and *grève de l'impôt* ('non-payment of taxes').

Activité 86 💿 EXTRAIT 41

- Understanding reasons for dissatisfaction at work

1 Écoutez l'extrait 41, où deux infirmières parlent d'une grève récente, en gardant à l'esprit cette question: quel était le problème principal qui les a poussées à faire la grève?

Pour vous aider

effectifs (m.pl.)   numbers (of staff)

ça gâche   it spoils (from *gâcher*)

si on est peu d'infirmières   if there aren't many of us nurses

soignants (m.pl)   (here) nursing staff in general (Christelle is referring to anyone caring for patients)

délaissé   neglected

entre guillemets   so to speak/in inverted commas/quote … unquote

par rapport aux   compared to

dans la mesure où   inasmuch/insofar as

passe à côté   is left aside/out (from *passer*)

2 Pourquoi est-ce que les infirmières ne voulaient plus accepter leurs conditions de travail? Cochez les bonnes réponses.

(a) Parce qu'elles considéraient qu'elles étaient mal payées. ❏

(b) Parce qu'elles étaient trop peu nombreuses pour bien faire leur travail, et qu'elles étaient toujours trop pressées. ❏

(c) Parce qu'elles n'avaient pas assez de jours de congé. ❏

(d) Parce qu'elles trouvaient que leur formation professionnelle était inadéquate. ❏

(e) Parce qu'elles estimaient que les relations avec les malades n'étaient plus comme elles devraient l'être. ❏ ❏

(f) Parce qu'elles commençaient à ne plus être heureuses dans l'exercice de leur métier. ❏

G 23 Agreeing and disagreeing

The two nurses you listened to in Extract 41, Isabelle Marchand and Christelle Chupin, were in favour of strike action:

ISABELLE   Moi, j'étais d'accord.

CHRISTELLE   Oui, moi aussi.

The expression ***être d'accord*** *(avec quelqu'un/avec quelque chose)* is the most usual way of indicating agreement. Like phrases expressing satisfaction and dissatisfaction, seen earlier in 3.1 Les salaires, it can be reinforced with adverbial expressions such as *tout à fait* or *entièrement*:

> Moi, je suis **tout à fait** d'accord.

In fact, like the executive you heard in Extract 40, Christelle further emphasized her agreement this time by adding an extra phrase:

> CHRISTELLE **C'est vrai**, moi, je suis tout à fait d'accord…

Other useful expressions are:

> Je suis de votre avis. (**être de l'avis de quelqu'un**)
>
> Vous avez raison. (**avoir raison**)

These too can be reinforced with an adverb:

> Je suis **entièrement** de votre avis.

If you want to disagree with someone, you simply use negative forms:

> Je ne suis pas d'accord (avec…).
>
> Ce n'est pas vrai.
>
> Je ne suis pas de votre avis.

These can all be reinforced with *du tout*:

> Je ne suis pas **du tout** d'accord (avec…).
>
> Ce n'est pas **du tout** vrai.
>
> Je ne suis pas **du tout** de votre avis.

If you want to make your disagreement less emphatic you can use *vraiment* with some of these expressions:

> Je ne suis pas vraiment d'accord.
>
> Je ne suis pas vraiment de votre avis.

Another common way of expressing disagreement is to use the phrase *Mais non!*, or (to disagree with something that has been put to you in the negative) *Mais si!*:

> – Ton idée **ne** marchera **pas**!
>   *(Your idea won't work!)*
>
> – Mais **si**!
>   *(Of course it will!)*
>
> – Mais non!
>   *(Oh no, it won't!)*

Activité 87

- Understanding the causes of a strike
- Expressing your opinion on strike action
- Making an oral presentation

1 Lisez le texte suivant, qui décrit une grève dans un petit hôpital dans la ville de Mutzig en Alsace. Gardez à l'esprit ces deux questions:

- Qu'est-ce qui a provoqué cette grève?
- D'après vous, était-elle justifiée?

'Directeur, pas dictateur' proclame une pancarte collée près du piquet de grève, en fait des tables mises bout à bout avec, posés au milieu, des thermos de café. [...] Installées là depuis le 25 janvier, les 'filles' s'arrêteront 'quand un directeur intérimaire sera nommé'. 'Après, on négociera.' Leur pétition a recueilli plus de 1 000 signatures. Des restaurateurs leur ont fourni des repas, des boulangers, les croissants. Elles sont soutenues par les élus locaux à l'exception notable du maire de Mutzig, également président du conseil d'administration de l'hôpital.

Les tensions se sont accumulées depuis plusieurs années entre le directeur, arrivé en 1994, et les employées, surtout quand elles étaient syndiquées à la CGT. Les grévistes décrivent une ambiance tendue, faite de suspicion, de défiance, de petites vexations qui s'accumulent jusqu'à former un fardeau trop lourd à porter tout seul. 'On ne parlait pas de harcèlement, au départ, c'était des cas individuels, explique une infirmière, mais c'est à force d'accumuler les injustices et les cas individuels.' Véronique Spielmann raconte qu'elle a été changée arbitrairement de service un lundi matin après avoir demandé, le vendredi précédent, l'attribution d'un demi poste non pourvu. Elle est aujourd'hui secrétaire du syndicat CGT. Une aide-soignante qui venait de perdre son mari s'est vu refuser ses trois jours de congés exceptionnels légaux, sous prétexte qu'ils tombaient pendant ses congés annuels. Muriel, hospitalisée d'urgence, qui avait pris le temps de se faire remplacer, a été menacée de sanctions pour abandon de poste. La même Muriel a appris juste avant Noël que son stage d'aide-soignante, qui durait déjà depuis deux ans, ne sera pas validé. 'C'est la goutte d'eau qui a fait déborder le vase', explique-t-elle. Les grévistes évoquent encore des injures à l'encontre des adhérentes du syndicat CGT (qualifié de 'syndicat de merde'), traitées de pitbulls ou de 'connasses'.

[...]

'Les filles sont à bout', résume un des médecins libéraux qui assurent des vacations dans l'hôpital. 'Ce conflit n'est pas seulement syndical, il concerne le droit à la dignité humaine au travail. On sait que dans une petite structure comme celle-ci, les conditions de travail sont difficiles, et le rôle du directeur peut être d'encourager les salariées. Ici, elles se sentent insécurisées, contrôlées, critiquées, surveillées en permanence. 'Jamais d'encouragements, de critiques constructives, toujours des menaces, c'était impossible de travailler dans ces conditions', raconte un infirmier qui a depuis quitté l'hôpital. 'Antidépresseurs, somnifères, la vie, ce n'était plus que ça, on ne parlait plus que de l'hôpital', explique une infirmière.

Alarmé par la virulence du conflit, le ministère du Travail a dépêché sur place, la semaine dernière, une mission de l'IGASS (Inspection générale des affaires sanitaires et sociales), qui poursuit aujourd'hui son enquête. [...]

(Lucy Bateman, *l'Humanité*, 16 février 2000)

2 Trouvez dans le texte l'expression qui correspond à chacune des paraphrases ci-dessous.

(a) temporaire/de transition

(b) rassemblé

(c) donné

(d) appuyées/approuvées

(e) conseillers/députés

(f) vacant

(g) personne qui assiste les infirmières

(h) reconnu

(i) paroles insultantes

(j) ne peuvent plus supporter cette situation

(k) médicaments pour faire dormir

(l) envoyé

(m) investigation

3 Répondez aux questions suivantes, en employant l'imparfait.

(a) Qu'est-ce que les 'filles' (les infirmières) demandaient?

(b) Pourquoi?

(c) Selon le médecin qui est cité dans le troisième paragraphe, pourquoi le directeur n'assumait-il pas bien ses responsabilités?

(d) De quelle manière les infirmières étaient-elles affectées par ces conditions difficiles?

4 Relisez le deuxième et le troisième paragraphe et choisissez dans la liste suivante les adjectifs qui, d'après vous, décrivent le directeur de l'hôpital.

charmant • insensé • compréhensif • intelligent • brutal
• généreux • constructif • abusif • habile • logique •
rationnel • destructeur • courtois • violent • éclairé
• menaçant • galant

5 Répondez par écrit à ces deux questions.

(a) Qui a éprouvé de la sympathie pour les infirmières? Donnez des détails.

(b) Selon vous, quel a été le résultat de l'enquête de l'IGASS? Choisissez le résultat le plus probable.

(i) Les infirmières en grève ont perdu leur emploi et l'autorité du directeur a été confirmée. ❑

(ii) Le directeur a pris sa retraite pour des raisons de santé. ❑

(iii) Le directeur a été suspendu de ses fonctions. ❑

6   Enregistrez une présentation orale d'une minute environ, pour dire ce que vous pensez de la grève des infirmières et de la situation qui l'a provoquée. Avant de commencer:

- notez les points principaux que vous voulez mentionner;
- notez les mots-clés que vous voulez utiliser.

Activité 88 EXTRAIT 43

- Presenting a persuasive argument orally

Vous êtes membre du conseil d'administration d'un hôpital ou d'une entreprise. Vous voulez persuader vos collègues de trouver des moyens pour améliorer les relations sociales et pour éviter les conflits. Faites une présentation orale d'environ une minute.

- Prenez des notes indiquant les points principaux de votre argument et recherchez le vocabulaire nécessaire, que vous trouverez en partie dans les activités 82 à 84 et dans l'activité 86.
- Parler clairement et avec conviction, pour persuader votre auditoire.
- Si possible, exercez-vous à parler devant d'autres personnes, une première fois, avant de vous enregistrer.
- Enregistrez-vous.
- Écoutez votre présentation et comparez-la avec celle qui est enregistrée dans l'extrait 43.
- Si vous voulez, enregistrez une seconde version de votre présentation.

Now go back to the study chart for this section, 'Entente ou conflits?', and review what you have learned, using the chart as a checklist. If you are unsure about something or feel you need more practice and cannot tick the corresponding box just yet, go back to the relevant part of the section and re-do the activities or try out the strategies suggested.

You should now have achieved the learning outcomes shown at the end of the study chart.

5 S'en sortir

Study chart

Topic	Activity	Resource	Key points	✔
5.1 *Une bouffée d'oxygène* (1 h 30)	89	Text	• Understanding a personal account of unemployment	
5.2 *Le renouveau* (1 h 40)	90	Text	• Considering measures taken towards urban renewal	
	Developing your reading-comprehension skills			
	91		• Deducing the meaning of cognates, *faux amis* and idioms	
5.3 *Pain Bis* (3 h)	92	Video	• Understanding the operation of a community initiative	
			• Understanding a process	
			• Revising the passive	
	93	Video	• Understanding the aims of a community initiative	
			• Recognizing phonetic transcriptions	
	94	Video	• Assessing the achievements of a community initiative	
	Recognizing the subjunctive form of verbs			
	95	Audio (*Extrait 44*)	• Speaking about the aims and activities of a community initiative	
			• Making an oral presentation	
5.4 *SOS ça bouge* (4 h 15)	96	Video	• Using visual clues for information	
	97	Video	• Understanding the development of a project	
			• Taking notes	
	98	Text	• Noting main points from a short text about a community initiative	
	99	Video	• Understanding the aims and the work of an organization	
			• Taking notes	

Topic	Activity	Resource	Key points	✔
	100	Video	• Understanding what a community centre has to offer	
	101	Video	• Understanding a description of a training centre	
	102	Text	• Understanding a training programme	
			• Presenting yourself to a group	
			• Enquiring about a job	
	103	Video	• Understanding statements of values and future aims	
			• Checking details	
	104		• Describing the evolution of a project in writing	
	105	Audio (*Extrait 45*)	• Making contrasts	
			• Expressing opinions	
			• Making an oral presentation	
	106	Text	• Testing your memory	

Learning outcomes

By the end of this section, you should be able to:

- use the passive in spoken and written French;

- recognize and use cognates, *faux-amis* and idioms to your advantage;

- understand issues surrounding unemployment and urban renewal;

- understand, describe and evaluate the evolution, aims and activities of an organization, in the context of work and training for the unemployed.

Dans cette section vous examinez les problèmes créés par le chômage et l'exclusion, et certains remèdes qu'on y a apportés en France. À la fin du siècle dernier, la France – malgré une économie très performante – souffrait d'un taux de chômage qui se situait aux alentours de 10%, et le système d'indemnités n'était conçu que pour un chômage de courte durée. Il en résultait, en marge de la société française, une pauvreté profonde, une 'exclusion' de la prospérité générale qui touchait quelques millions de personnes. Vous allez étudier d'abord le récit d'un ancien chômeur, puis vous allez examiner la situation d'une grande ville frappée par la perte d'une industrie traditionnelle. Pour finir, vous allez voir deux initiatives conçues pour combattre l'exclusion.

5.1   Une bouffée d'oxygène

Se retrouver au chômage après une vingtaine d'années de vie active, c'est très dur. Voici le récit d'un retraité, ancien militant syndical, qui se rappelle deux périodes de chômage qu'il a vécues.

Activité 89

• Understanding a personal account of unemployment

1   Lisez d'abord le texte.

[…]
Et me voilà, […] à quarante-sept ans, au chômage pour la première fois. Cela a duré plus d'un an et demi. […] Durant cette période, j'ai envoyé beaucoup, beaucoup, beaucoup de lettres, je répondais à toutes les annonces, tout ce que je pouvais trouver. Mais je n'ai eu AUCUN entretien d'embauche. Rien. Seulement quelques réponses, très rares par rapport à la quantité de lettres envoyées, et toutes négatives. Je pense que, quarante-sept ans… quarante-huit ans… on devait commencer à considérer que j'étais un peu âgé! Mais en fait, il n'y avait pas une once d'explication dans ces refus. C'est ça qui est déprimant. On se dit: 'Pourtant, ce qui est présenté dans l'annonce correspond parfaitement à mon profil', et puis… rien. Sans qu'on sache pourquoi. Une période difficile. Mais je me suis cramponné. Je me suis battu. J'ai continué à envoyer des lettres, à faire les démarches, à aller presque tous les jours à l'ANPE, à chercher tous azimuts. J'ai fait une formation… qui ne m'a d'ailleurs rien apporté parce que c'était de la comptabilité de base. Mais, bon, l'ANPE me l'a proposé, je l'ai fait.

En même temps, tu as beau te battre, il y a des hauts et des bas. À certains moments, impossible de ne pas être angoissé par l'avenir, impossible d'oublier les crédits de la maison, tous ces problèmes qui te traversent la tête. Heureusement, ma femme était là, me soutenait. Heureusement.

J'ai fini par retrouver du travail à l'association France-Tchécoslovaquie. Je m'occupais de la comptabilité, des finances. Un boulot très intéressant, motivant, j'ai beaucoup appris, découvert. Mais l'association a dû déposer son bilan, j'ai été licencié. […] J'avais cinquante-deux ans. Vraiment dur. D'autant que Denise s'est retrouvée également au chômage au même moment! Et si Valérie, notre fille, volait déjà de ses propres ailes, le fiston, Jean-Marc n'avait que vingt et un ans et ses études à finir. Ce sont des moments vraiment angoissants. Tu n'es jamais tranquille. Les indemnités qui diminuent de 17% chaque trimestre. Je voyais arriver le RMI gros comme une maison. Tu penses au chômage quand tu te couches, tu as du mal à dormir parce que tu penses au chômage, tu penses au chômage quand tu te lèves. Et moi, à l'âge que j'avais… Même à l'ANPE, je n'étais plus convoqué, ils m'avaient dispensé d'y aller. De temps en temps, je m'y rendais quand même, je voyais les offres d'emploi qui rétrécissaient comme peau de chagrin, et la queue des chômeurs devant les panneaux qui s'agrandissait. Je peux dire que nous avons versé quelques larmes, les lendemains qui chantent étaient loin…

On faisait des économies sur tout, nourriture, vêtements. On se limitait à 500 francs par semaine pour nous trois. La priorité était que Jean-Marc puisse poursuivre ses études normalement. Pour le reste, c'était 'on arrête tout'. […]

[… J'ai] continué à avoir l'impression de vivre au ralenti… et à éplucher les petites annonces. […]

[Un jour, j'ai] répondu à une petite annonce, j'ai été convoqué. Et ça a marché! Quand on m'a dit que c'était OK, j'ai eu l'impression de me remettre à respirer. Une extraordinaire bouffée d'oxygène. J'ai foncé prévenir ma femme. Et à la maison, on a bu le champagne. Il y a eu quelques larmes, mais de joie cette fois-ci…

(version abrégée d'un article de Florence Haguenauer, *l'Humanité*, 25 février 2000)

Pour vous aider

sans qu'on sache pourquoi   without (my) knowing why (from *savoir*; this form of the verb is called the subjunctive, which is always used after *sans que*)

l'ANPE (f.)   French national employment office, job centre (short for *Agence nationale pour l'emploi*)

tous azimuts   in all directions, all over the place

tu as beau te battre   even though you fight (from *avoir beau* + infinitive and *se battre*)

rétrécissaient comme peau de chagrin   decreasing all the time (from *rétrécir*; the image, proverbial in French, is of a piece of shageen leather that continually shrinks)

les lendemains qui chantent   a bright or happy future (from *chanter*)

… que Jean-Marc puisse   that Jean-Marc should be able (from *pouvoir*; this form of the verb is called the subjunctive)

2   Répondez maintenant aux questions suivantes.

(a) Qu'est-ce qui était particulièrement déprimant pour cet homme pendant sa première période de chômage?

(b) Quels étaient les soucis principaux que le chômage créait pour lui?

(c) Quels sont les aspects positifs de cette histoire, à votre avis?

3   Trouvez, dans le texte, les mots ou expressions qui correspondent aux paraphrases suivantes.

(a) rencontre pour sélectionner un candidat pour un poste

(b) même pas un minimum de

(c) s'accorde complètement avec mon expérience et mes qualifications

(d) de bons et de mauvais moments

(e) a fait faillite

(f) j'ai perdu mon poste

(g) et en particulier parce que

(h) on ne me demandait plus d'y aller

4 Trouvez maintenant dans le texte les expressions qui expriment le **contraire** des expressions suivantes.

(a) et on savait pourquoi

(b) j'ai abandonné l'espoir

(c) a été valorisant pour moi

(d) était encore dépendante

(e) tu trouves facile de

(f) vivre pleinement

(g) je suis allé lentement

5.2   Le renouveau

Vous considérez maintenant le problème du chômage au niveau d'une grande collectivité: la ville de Marseille, plus particulièrement les quartiers défavorisés du nord de la ville. Aux alentours de l'an 2000, ces quartiers souffraient d'un taux élevé de chômage, dû en partie à la fermeture des grands chantiers navals d'un port proche de Marseille. Vous allez apprendre comment on a commencé à relancer l'économie de ces quartiers.

Activité 90

• Considering measures taken towards urban renewal

1 Lisez le texte, qui décrit le renouveau des quartiers nord de Marseille, en vous concentrant sur les mesures qui ont contribué à ce renouveau.

De la jungle à la zone franche

[...]
Tout a commencé [...] avec l'ouverture du centre commercial Grand Littoral. Cent soixante-dix magasins, 1 500 salariés – dont plus de 500 habitent le quartier. Un pari de la précédente municipalité pour stopper l'exode des entreprises vers les communes de la périphérie. Deux ans plus tard et malgré un début difficile, la greffe a bien pris. « Le centre a changé la mentalité des gens qui habitent ici. Maintenant, ils espèrent que leurs enfants pourront y travailler. Moi aussi j'ai évolué », remarque Karim Boughalmi. Il y a peu, il faisait partie des manifestants qui brisaient les vitrines du cinéma UGC pour protester contre le manque d'embauche.

Aujourd'hui, il est magasinier à la Camif. « Cinq cents emplois, c'est une goutte d'eau pour les 100 000 habitants des quartiers Nord, mais les gens considèrent le site comme une oasis dans le désert et ils en sont fiers. La preuve : nous n'avons pas de dégradations et très peu de vols », insiste Yann Cabon, le directeur de Grand Littoral. À deux pas de là, les entreprises qui s'implantent dans la zone franche n'hésitent pas à s'inspirer de cette réussite. Pour bénéficier des exonérations sur les charges sociales, les candidats à l'embauche doivent recruter au moins 20% de leurs nouveaux salariés dans le quartier. Mais « les gens ne disposent pas toujours des qualifications requises, et beaucoup de jeunes manquent de motivation. Quand j'ai monté une formation pour recruter une dizaine de titulaires de CAP boucher, je n'ai trouvé aucun volontaire », regrette El Hassan Bouod, PDG du groupe Bouod et Cie, spécialisé dans la découpe et la transformation de viande halal (préparée selon les rites musulmans). D'où l'idée de reprendre le système mis en place pour Grand Littoral. Un médiateur social mandaté par l'ANPE était alors chargé de faire le lien entre les habitants et les employeurs. « Il faut dire la vérité aux gens. Les emplois qui se créent ici ne sont pas tous pour eux. S'ils veulent en décrocher un, ils doivent se former et être motivés », explique Noredi Hamida, ce fameux médiateur. Donner le goût de l'effort et la possibilité de trouver un travail, c'est justement la raison d'être de l'École de la deuxième chance, qui a ouvert ses portes en mai dans le nord de Marseille. [...] Cent vingt jeunes de 18 à 22 ans y suivent un programme sur mesure, articulé en trois volets : 1) formation générale ; 2) acquis professionnel en alternance dans des entreprises qui s'engagent à les recruter ; 3) activité sportive. « Ici, on nous laisse autonomes, mais quand on ne comprend pas, on nous explique. À l'école, c'était impossible », note Kamel, 18 ans, qui suit une formation de pâtissier chez Auchan. « Ce n'est pas en quelques mois que l'on peut changer trente ans d'erreurs et de marasme économique, mais il est clair qu'un nouvel axe de développement émerge à Marseille. Il englobe le nord et les quartiers autour du port [...] », assure Olivier Latil d'Albertas, directeur du développement économique à la ville. Les promoteurs immobiliers ne s'y trompent pas, qui commencent à investir le terrain pour y construire des bureaux et des logements. [...]
[...]

(Brigitte Challiol, *Challenges*, **132**, http://www.nouvelobs.com/archives)

Pour vous aider

la zone franche   development area where companies benefit from tax concessions

la greffe a bien pris   the bet has paid off (literally, 'the graft has taken') (from *prendre*)

la Camif   a cooperative association and mail-order company

PDG (m.)   chairman and managing director of a company, chief executive officer/CEO (short for *président-directeur géneral*)

d'où l'idée de   hence the idea of

acquis (m.)   experience, learning (in general, means anything acquired or gained)

investir le terrain   to buy up the land

2 Voici dans la colonne de gauche des termes extraits du texte. Trouvez dans la colonne de droite leur équivalent dans ce contexte.

(a) un pari	(i) exemptions
(b) la greffe a pris	(ii) vandalisme
(c) manifestants	(iii) nommé/désigné
(d) le manque d'embauche	(iv) obtenir
(e) dégradations	(v) éléments
(f) s'implantent	(vi) inclut
(g) exonérations	(vii) une démarche risquée
(h) requises	(viii) stagnation
(i) mandaté	(ix) le fait qu'on ne proposait pas d'emplois
(j) décrocher	(x) organisé
(k) articulé	(xi) s'installent/se fixent
(l) volets	(xii) cela a réussi
(m) marasme	(xiii) nécessaires
(n) englobe	(xiv) gens qui protestent

3 Dites maintenant pour chaque phrase si les informations contenues sont exactes ou inexactes, d'après le texte. Donnez vos raisons en citant les phrases du texte qui donnent l'information.

	Exact	Inexact
(a) Le centre commercial Grand Littoral a été créé parce que nombre d'entreprises voulaient s'établir dans le quartier.	❏	❏
(b) La municipalité savait que le centre commercial allait réussir.	❏	❏
(c) Karim Boughalmi est un rebelle converti.	❏	❏
(d) Les 500 emplois sont trop peu pour avoir un effet positif sur la vie des 100 000 habitants.	❏	❏
(e) Le manque de qualifications reste un problème.	❏	❏
(f) Les jeunes étaient motivés par l'idée d'apprendre le métier de boucher chez Bouod et Cie.	❏	❏
(g) L'École de la deuxième chance est conçue pour aider les jeunes à se qualifier afin d'obtenir un emploi.	❏	❏
(h) Le secteur privé croit que le quartier n'est pas un bon endroit pour bâtir.	❏	❏

0━━ 3 Developing your reading-comprehension skills

When learning a foreign language, and in particular when reading a text, there are several techniques you can use to make the most of the knowledge you already have of your own language.

Cognates

Firstly, look out for cognates – words that resemble each other across the two languages and that have related meanings. If you look back at the last two texts you have studied you will find many examples of these, sometimes occurring in unexpected contexts. It is a long time since ounces were used as a unit of measurement in France, but in the text on unemployment (Activity 89) it is easy to recognize the meaning of the phrase *pas une once d'explication*. Likewise the word *cramponné* is clearly related to 'crampons' in English, which makes it possible to understand the mountaineering metaphor. Other examples include words such as *réponse* 'response' and *angoissant* 'nerve-racking' (literally, 'anguish-inducing').

'Faux amis'

Not all similarities between French and English are helpful though, as familiar-looking words may just be *faux amis* ('false friends'). These can be very misleading, so watch out for words whose meaning you think is obvious but that doesn't really fit the rest of the sentence, or is at odds with the rest of the text.

Related words with a shift in meaning or style

Even when the meaning is essentially the same in both languages, French words that look familiar to English-speakers are often used in a slightly different context, sense or register. *Convoquer* is not always as formal as the English 'to convoke' and can just mean 'to call/invite', and *indemnité* is less specialized than 'indemnity' (in English we would say 'allowance' or 'benefit' in the context of the text on unemployment). 'Azimuth' and 'axis' are not everyday words in English, whereas *tous azimuts* and *axe* are frequently used in French. *Investir* does mean 'to invest' in the financial sense, but in the text on Marseille's northern districts *investir le terrain* means 'to buy up land in the area' (in the old military sense of the verb, 'to move in/occupy by force'). *Autonome* is much more common than 'autonomous', and is used where we would say 'independent'. 'To articulate' is a rather abstract or technical word in English, whereas the French *articulé*, as you have just seen, can mean simply 'set out, organized, arranged'.

Patterns of correspondence

Another thing to look out for is the way English spellings may show standard variations from the French, which may help you deduce the meaning of an unfamiliar word. For example, 'ê' often corresponds to 'es' in English, 'û' to 'us', 'â' to 'as', 'î' to 'is' and 'ô' to 'os' (*forêt* – 'for**es**t', *crête* – 'cr**es**t', *dégoût* – 'disg**us**t', *Neufchâtel* – 'Newc**as**tle', *île* – 'isle', *hôtel* – 'hostel'). French words that begin with 'ét-' will often begin with 'st-' in English (*ét*ude – 'study'). French words that end in '-ie' or '-é' often end with '-y' in English (*énergie* – 'energy', *quantité* – 'quantity'), and an '-e' ending in French is sometimes equivalent to a Latin '-us' ending in English (*exode* – 'exodus').

Idioms

Another useful similarity between the two languages is that many French idiomatic expressions are virtually the same in English. For example, *des hauts et des bas* corresponds fairly closely to 'ups and downs', *c'est une goutte d'eau* is very close to 'it's a drop in the ocean' (although *la goutte d'eau qui fait déborder la vase* is 'the (last) straw that broke the camel's back'!), and *une oasis dans le désert* mirrors the English expression exactly. In other cases though, you need to be prepared to interpret images like *entre l'enclume et le marteau* ('between the devil and the deep-blue sea') or *voler de ses propres ailes* ('to stand on one's own two feet').

Finally of course, when all else fails and you really cannot work out what a word or a sentence means, it is very often possible to make an intelligent guess at the meaning from the context in which it is used. And using a mixture of these techniques you will find that you can understand substantial parts of a text, even when it contains a number of French words that you have never come across before.

Activité 91

• Deducing the meaning of cognates, *faux amis* and idioms

1   Regardez de nouveau le texte de l'activité 87 (4.2 Les conflits). Dans les dernières lignes du texte, à partir de 'Jamais…', il y a beaucoup de mots qui rappellent, par leur forme, un mot anglais. Faites-en la liste et donnez une traduction.

2   Déduisez les équivalents anglais des mots et expressions donnés en gras ci-dessous.

(a) Yannick a une petite **exploitation** agricole dans le Languedoc.

(b) La famille reçoit une **allocation** logement.

(c) Nous vous prions de joindre un chèque de 5 € comme **participation** aux frais d'envoi.

(d) À 19 heures, il y a une **conférence** dans l'**amphithéâtre** de la faculté de médecine.

(e) Il a **posé sa candidature** pour un poste de reporter.

(f) Je dois remplir un **formulaire** pour demander une carte Mastodonte.

(g) Pour obtenir ce contrat, tu vas **avoir du pain sur la planche**!

(h) Il a fallu beaucoup d'**huile de coude** pour repeindre la boutique.

(i) Ils ont acheté cette entreprise **pour une bouchée de pain**!

(j) Nous avons fait trop de chèques et maintenant notre compte est **à découvert**.

(k) En la voyant, il a eu **le coup de foudre**.

5.3 Pain Bis

Voici maintenant un exemple d'initiative sociale, dans la région parisienne. Pain Bis est une structure de recyclage: comme son nom le suggère, de recyclage du pain. Mais, comme vous allez le découvrir en regardant les séquences vidéo, cela n'est pas son seul but.

Activité 92 💻 UNE SECONDE VIE POUR LE PAIN 28:59–34:20

- Understanding the operation of a community initiative
- Understanding a process
- Revising the passive

1 Regardez la séquence vidéo, en vous concentrant sur les images pour découvrir ce que font les gens à Pain Bis.

Pour vous aider

broyer   to grind, mill

mouture (f.) *de pain*   ground-up bread

chapelure (f.) *(de pain)*   breadcrumbs

tri (m.)   sorting

des clayettes (f.pl.)   shelves, trays, racks

étuve (f.)   drier

2 Lisez maintenant les questions suivantes. Puis regardez de nouveau la séquence vidéo pour y répondre.

(a) Il y a un jeu de mots dans le nom 'Pain Bis'. Quel est-il? (Utilisez votre dictionnaire si nécessaire.)

(b) Quelle est la quantité de pain collectée chaque jour?

(c) D'où vient le pain?

(d) Quelle est son ultime destination?

3   Voici une transcription partielle de cette séquence, où Gilbert Fiorentini, l'un des animateurs de Pain Bis, nous explique le processus de transformation du pain. Repérez les verbes au passif, et soulignez dans cette transcription tous les participes passés (le premier est donné en gras pour vous aider).

> GILBERT FIORENTINI   Ils ramènent donc plusieurs caisses de pain qui sont ensuite **déchargées** ici dans l'atelier, pesées… puis déversées sur les tables de tri pour être ensuite triées et dispatchées sur les différents postes de travail, sur les différents îlots, dont le poste de coupe par exemple. Et ensuite, une fois tranché, le pain est placé dans des clayettes de façon à pouvoir être séché ensuite dans notre étuve. Eh bien le… ce pain, une fois séché, est déversé dans une, une machine que l'on appelle un broyeur et qui permet de faire de la mouture de pain… et cette mouture est conditionnée en sacs de 40 kilos pour être ensuite relivrée sur Orléans à un fabricant d'aliments pour animaux.

4   Justifiez en anglais la terminaison de ces participes passés.

Activité 93   ▢   UN SUPPORT POUR L'INSERTION 34:22–38:03

- Understanding the aims of a community initiative
- Recognizing phonetic transcriptions

1   Regardez la séquence vidéo, en vous concentrant sur les objectifs de Pain Bis.

Pour vous aider

pour qu'il y ait   so that there is/are (from *avoir,* present subjunctive; a subjunctive is always required after *pour que*)

insertion (f.)   (re)integration (back into society)

détendu   relaxed

il faut qu'ils soient   they must be (from *être*; subjunctive again, after *il faut que*)

2   Répondez aux questions suivantes.

(a) Quel est l'avantage des repas partagés?

(b) Quelles sortes de difficultés Gilbert Fiorentini a-t-il rencontrées depuis qu'il travaille à Pain Bis?

(c) Selon lui, quel est le but de l'association?

(d) Quels problèmes les salariés de Pain Bis rencontrent-ils, selon Claire Guyon?

(e) Qu'essait-on d'éviter?

3 Voici la transcription phonétique de cinq phrases. Qui – de Christophe Genestet, Gilbert Fiorentini, Salem Trabelsi ou Claire Guyon – dit quoi?

(a) [tutemizɑ̃nœvʀ]

(b) [seplynatyʀɛl / eplydetɑ̃dy]

(c) [nusɔmzyn / asɔsjasjɔ̃ / dɛ̃sɛʀsjɔ̃]

(d) [sapøtɛtʀ / depʀɔblɛmdələɔʒmɑ̃ / finɑ̃sje / familjo / pʀɔblɛmadministʀatif]

(e) [ʒesɛdəlezede]

Activité 94 📺 UN DÉBOUCHÉ SUR LE MONDE DU TRAVAIL
38:04–41:02

• Assessing the achievements of a community initiative

Regardez la séquence vidéo, puis répondez aux questions suivantes.

1 Les salariés qu'on interviewe à Pain Bis semblent-ils être optimistes, et contents d'y travailler? Donnez les raisons.

2 Un homme voulait devenir chauffeur-livreur. Quelle difficulté majeure avait-il? Son projet a-t-il finalement réussi?

3 Pour Christophe Genestet, qu'est-ce qui est vraiment important, et qu'est-ce qui, surtout, est valorisant?

G 24 Recognizing the subjunctive form of verbs

The interviews at Pain Bis and the text at the beginning of this section (5 'S'en sortir') contained some verb forms of a type that you may not have seen before. In the video quotations overleaf, the words underlined are forms of the verbs *avoir*, *remplir*, *être* and *pouvoir*.

They are all examples of the **subjunctive**, a form that is required in French in a number of sentence types (for example after the constructions *il faut que, vouloir que, bien que, pour que*). The constructions shown in bold (without underlining) below are always followed by a verb in the subjunctive form.

> CHRISTOPHE GENESTET Tout est mis en œuvre dans Pain Bis **pour qu**'il y <u>**ait**</u> un véritable travail d'équipe…

> SALEM TRABELSI … **il a fallu que** je <u>**remplisse**</u> différents formulaires et ensuite **que** j'<u>**aie**</u> un entretien avec Claire…

> CLAIRE GUYON **Il faut qu**'ils <u>**soient**</u> autonomes dans leur recherche.

> APOLLON … **pour que** […] on <u>**puisse**</u> travailler quelque part.

The subjunctive is used commonly in everyday spoken and written French. Here are some more examples of how it occurs:

> Je ne **veux** pas **que** tu <u>**fasses**</u> du bruit!
> *I don't want you to make any noise!*

> Dix heures déjà! **Il faut que** je <u>**parte**</u>.
> *Ten o'clock already! I've got to go.*

> **Bien qu**'il <u>**ait**</u> soixante-dix ans, il se baigne tous les jours dans la rivière.
> *Although he's seventy, he swims in the river every day.*

> Je **ne crois pas que** tu <u>**puisses**</u> faire cela.
> *I don't think you can do that.*

You will meet further examples of the subjunctive, but for the moment it is enough to be aware that this form of the verb exists.

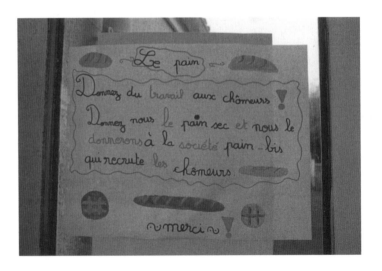

Activité 95

- Speaking about the aims and activities of a community initiative
- Making an oral presentation

Vous travaillez dans le service des relations publiques à la mairie de Paris. Un groupe d'administrateurs veut visiter la région parisienne pour étudier les solutions adoptées localement pour régler les problèmes créés par le chômage. Vous leur parlez de Pain Bis.

Expliquez, en une minute environ, comment fonctionne Pain Bis et quels sont ses buts. Pour cela, utilisez les informations que vous avez notées dans les activités 92, 93 et 94. Étudiez aussi la transcription vidéo.

5.4   SOS ça bouge

SOS ça bouge est une initiative lancée par quelques membres d'une collectivité défavorisée en banlieu parisienne. Comme Pain Bis, elle s'adresse à des gens qui ont besoin de trouver un emploi, mais elle est aussi au service de toute la communauté environnante.

Activité 96 ▢ SOS ÇA BOUGE 41:03–52:10

- Using visual clues for information

1   Regardez la séquence 'SOS ça bouge' du début (41:03) jusqu'à 'par la personne qu'on accueille' (Dalia Hamidouche, 52:10), en vous concentrant sur les images.

2   Ensuite répondez aux questions suivantes, d'après ce que vous avez vu sur l'écran.

   (a) Comment est-ce qu'on pourrait décrire la communauté de Bondy?

   (b) Quelle est l'ambiance à SOS ça bouge?

   (c) Quelles sortes de services et de ressources l'association offre-t-elle?

Activité 97 ▢ LES ORIGINES 41:03–43:55

- Understanding the development of a project
- Taking notes

Regardez maintenant cette séquence vidéo et prenez des notes sur les points suivants. Vous aurez besoin de ces notes plus tard, pour rédiger une description de SOS ça bouge.

1   Qui a créé l'association?

2   Qu'est-ce qu'ils ont voulu organiser?

3   Dans quel but?

4   Quelles étaient les premières activités organisées?

   Pour vous aider

   les débordements (m.pl.)   uncontrolled behaviour, things getting out of hand

les quartiers (m.pl) *dits 'sensibles'*   what are described as/so-called
'problem' neighbourhoods/districts

il y en a marre (slang)   people/we have had enough

on se prend en charge   we're taking responsibility for our own affairs

Activité 98

Lisez cet extrait d'un article sur SOS ça bouge, et notez deux activités proposées par l'association.

* Noting main points from a short text about a community initiative

---

[...]

'SOS ça bouge' est née en 1985 dans la cité De Lattre de Tassigny. Sa première initiative: créer un centre de loisirs. Des groupes d'enfants, d'ados et de pré-ados y viennent tout au long de l'année pour suivre l'aide aux devoirs. Elle organise aussi une fête de quartier qui réunit petits et grands, jeunes et adultes avec défilé dans Bondy, percussions à l'appui.

[...]

(*Gazélec Magazine*, décembre 1996)

Pour vous aider

cité (f.)   (housing) estate

(Jean-Marie) de Lattre de Tassigny   French field marshall, hero of the Second World War

ados/pré-ados (m.pl.) (informal)   adolescents/pre-adolescents (short for *adolescents*)

Activité 99   LA FIN ET LES MOYENS 43:57–46:32

* Understanding the aims and the work of an organization
* Taking notes

1   Regardez la séquence vidéo et prenez des notes sur les points suivants:

(a) les buts de l'association;

(b) les premiers problèmes abordés;

(c) l'évolution des buts;

(d) les problèmes type rencontrés maintenant;

(e) la particularité de SOS ça bouge.

Pour vous aider

elle œuvre   it works (from *œuvrer*)

issu du quartier   from the neighbourhood

2   Complétez la grille des mots croisés selon les indications données en anglais, en vous servant chaque fois d'un mot ou d'une expression de la séquence vidéo.

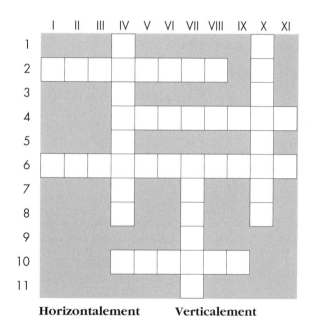

Horizontalement

2   advertisements
4   to solve
6   drug addiction
10 resources

Verticalement

IV   correspondence
VII environment, background
X   district

Activité 100 ◻

• Understanding what
a community centre
has to offer

Regardez ces deux séquences vidéo et répondez aux questions suivantes.

1 Qu'est-ce que les deux personnes interviewées – un homme et une jeune fille – sont venues chercher? Qu'est-ce que la jeune fille apprécie particulièrement dans le centre?

2 Comment ont-ils entendu parler du centre?

3 Selon la jeune fille, que faut-il ajouter aux détails dans son curriculum vitæ? Pourquoi?

Pour vous aider

élaborés   prepared (from *élaborer*)

c'est pour un traitement de texte pour…   it's to type up…

parcours (m.)   history, career

des tâches (f.pl.)   tasks, duties

un speech   pitch, 'spiel'

dans le coup   clued up

Activité 101 MULTIMÉDIA FORMATION 52:11–54:16

• Understanding a
  description of a
  training centre

1 Regardez cette séquence, pour obtenir une idée générale de ce que propose le centre Multimédia Formation.

2 Regardez-la de nouveau pour répondre à ces questions.

(a) Pour qui le centre a-t-il été conçu?

(b) Décrivez deux caractéristiques des formations que le centre propose.

(c) Résumez en quelques mots le but du programme 'Savoirs partagés'.

Pour vous aider

chargée (f.) *de mission* (m. *chargé*)   head of section within an
   organization

les propositions (f.pl.)   provision, what is on offer

inadaptées (f.pl.)   unsuitable

nous caler sur   to settle on/for (from *se caler*)

bureautique (f.)   office skills

stagiaires (m.pl.)   participants on a course

acquis (m.pl.) *de base*   basic skills

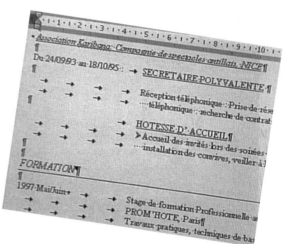

De 10 à 20% des adultes en France ont des difficultés pour lire, écrire ou compter. L'illettrisme est donc un problème qui affecte un très grand nombre de personnes, essentiellement des gens défavorisés. Par conséquent, Multimédia Formation a proposé, de 1996 à 1999, un programme intensif de 500 heures réparties sur vingt-cinq semaines, pour permettre aux gens d'acquérir, en petits groupes de six à huit personnes et à l'aide d'outils multimédia, des compétences essentielles. Ce programme reste d'intérêt actuel.

Activité 102

- Understanding a training programme
- Presenting yourself to a group
- Enquiring about a job

1 Lisez ce texte, extrait du site Internet qui présentait le programme 'Savoirs partagés'.

CONTENU DU PROGRAMME DE FORMATION:

Présentation, Évaluations, Suivi, Bilan	**28 H**

Séquences de communication/Expression orale/Créativité	**120 H**

Pratiqués en groupe et animés par le formateur/psychothérapeute:
Se présenter, Image de soi, Jeux de rôle en situation quotidienne, Production d'histoires, Arts plastiques, Sorties de proximité et travaux liés à la vie sociale et pratique, Débats ou ateliers avec intervenants extérieurs (ex: orthophoniste, conseiller formation/emploi…).

Les séquences de mise à niveau des savoirs de base	**300 H**

A) Français: (88 H)

- masculin/féminin, singulier/pluriel

- maîtrise du sens et de l'orthographe des termes appris

- règles grammaticales de base et structure de la phrase
  (sujet, verbe, complément, nom, adjectif, pronom)

- conjugaisons (les temps de l'indicatif)

- apprendre à trier, classer, résumer les informations essentielles d'un texte

B) Atelier d'écriture, lecture: (72 H)

- mise en page de lettres

- remettre un texte dans l'ordre

- compréhension d'un texte

C) Mathématiques: (80 H)

D) Raisonnement logique et repérage espace/temps (40 H)

à partir d'exercices liés à la vie quotidienne

E) Aide à l'élaboration du projet individuel: (20 H)

- Par une approche plus individualisée, c'est aider les personnes à exprimer et à formaliser des objectifs à long terme afin de les concrétiser dans un projet.

Séquences d'initiation à la bureautique	**32 H**

Trois sorties culturelles sont prévues: La Villette, un musée, et une troisième à la demande.	**20 H**

intervenants (m.pl.)   contributors

orthophoniste (m./f.)   speech therapist

savoirs (m.pl.) *de base*   core skills

La Villette   site of the Cité des sciences (Science Museum) in Paris

2   Vous faites partie d'un groupe de stagiaires qui participe au programme de formation 'Savoirs partagés'. Préparez à l'écrit une courte présentation d'à peu près une minute dans laquelle:

(a) vous vous présentez au groupe;

(b) vous dites quelle image vous avez de vous-même.

3   Au cours du programme on vous a donné le jeu de rôle suivant. Écrivez le dialogue qui en résulte.

> **Standardiste:** Vous travaillez dans le service de recrutement d'une banque, Dynama. Vous notez les coordonnées des particuliers qui téléphonent pour demander de la documentation sur les postes vacants.
>
> **Demandeur d'emploi:** Vous appelez Dynama pour demander de la documentation sur le poste de Responsable Marketing.

Activité 103   💻 UN PROJET COMMUNAUTAIRE 54:17–58:12

- Understanding statements of values and future aims
- Checking details

1   Regardez la séquence vidéo pour découvrir ce qui motive les personnes qui travaillent à SOS ça bouge, et comment elles imaginent l'avenir de l'association.

Pour vous aider

sensibiliser   to make aware

récolté   collected (from *récolter*)

alimenter la caisse   to contribute to the funds

une petite lueur d'espoir   a glimmer of hope

2   Voici des notes qu'un journaliste a prises au cours des interviews de Farid, de Dalia et de Sidi dans cette séquence. Vérifiez si les détails sont exacts. S'ils ne le sont pas, corrigez-les.

Aspect le plus satisfaisant de leur travail?

- Farid: rendre service à des personnes âgées - apporter un peu d'humour dans la masse de difficultés.

- Dalia: quand les gens disent qu'ils ont obtenu des diplômes grâce à nous.

L'avenir de l'association?

- Sidi: souhaite que d'autres générations fassent autant de projets pour les gens du quartier.

- Dalia: plus d'espace - un espace privilégié pour les enfants, surtout.

- Farid: optimiste - exister encore quelques années pour répondre aux besoins de notre public.

Activité 104

• Describing the evolution of a project in writing

Vous devez présenter l'association SOS ça bouge dans une revue intitulée *Francophonie – la revue internationale des gens qui parlent français*. Rédigez, en 250 à 275 mots, un reportage dans lequel vous décrirez:

- les origines de SOS ça bouge;

- les buts de l'association;

- les différentes activités et les services qu'ils proposent;

- comment les gens de la communauté en bénéficient.

Utilisez pour ceci les notes que vous avez déjà prises dans les activités 97 à 99, et ce que vous avez aussi appris sur SOS ça bouge dans les activités 96 et 100 à 103. Étudiez également la transcription, et regardez de nouveau les séquences vidéo pour réaliser un reportage aussi complet que possible.

Activité 105

- Making contrasts
- Expressing opinions
- Making an oral presentation

Vous faites un séjour dans la région parisienne, et vous venez de visiter Pain Bis et SOS ça bouge. On vous demande votre opinion sur ces deux initiatives. Enregistrez-vous et faites une présentation orale de deux minutes environ dans laquelle vous:

- expliquez ce qu'elles ont en commun et ce qui les différencie;

- donnez votre opinion personnelle sur la valeur de ces initiatives;

- décrivez les solutions qu'on pourra adopter, à votre avis, pour combattre l'exclusion à l'avenir.

Activité 106

- Testing your memory

Vous arrivez à la fin du livre *Les circuits économiques*. En guise de révision, nous vous proposons une dernière activité: un jeu-test, que vous trouverez à la page suivante. Avez-vous bonne mémoire?

Once you have finished the quiz go back to the study chart for this section, 'S'en sortir', and review what you have learned, using the chart as a checklist. If you are unsure about something or feel you need more practice and cannot tick the corresponding box just yet, go back to the relevant part of the section and re-do the activities or try out the strategies suggested.

You should now have achieved the learning outcomes shown at the end of the study chart.

1 Pourquoi la ville de Nantes est-elle associée depuis très longtemps avec les biscuits?

2 Quand le Choco BN a-t-il été inventé?

3 Quel est le pourcentage d'achats 'non prémédités' dans les grandes surfaces en France?

4 Qu'est-ce qu'un 'produit brun', dans un supermarché?

5 Quand a-t-on commencé à utiliser les mots 'snob', 'sandwich' et 'rosbif' en français?

6 Quels deux mots ont été combinés pour créer le mot 'baladeur'?

7 Quel est le sens en anglais de 'bio' et de 'malbouffe'?

8 EDF et GDF sont deux entreprises françaises. Que font-elles?

9 À quoi correspondent les sigles SMIC et CDD?

10 Quelle expression anglaise traduit 'la paperasserie'?

11 Comment est-ce qu'on dit *Yours faithfully* en français?

12 Quelles sont les deux choses que Babeth ne peut absolument pas perdre?

13 En français soigné, comment dit-on 'bosser'?

14 Qui dit: 'On est parmi les derniers hommes à vivre dehors'?

15 Qui a un logement de fonction?

16 Qui dit: 'Je ne suis pas assez payé du tout'?

17 Qui gagne 'zéro franc'?

18 Qui dit: 'Je suis né dedans. Ce métier me vient de mes parents'?

19 Quelle est l'origine de l'expression 'faire la grève'?

20 Comment dit-on 'entretien d'embauche' en anglais?

21 Donnez cinq exemples de faux amis en français.

22 Que veut dire 'PDG' an anglais?

23 Quel est le jeu de mots que contient le nom 'Pain Bis'?

Vous avez consulté le corrigé? Combien de points avez-vous?

    0–6 C'est un début!

    7–12 Ce n'est déjà pas si mal!

   13–18 Vous avez bonne mémoire, c'est sûr!

   19–23 Félicitations!

Corrigés

Activité 1

2   (a) Non – on voit des photos de l'usine il y a longtemps, et aussi des affiches de publicité historiques.

    (b) Le travail est peut-être un peu monotone, mais l'usine semble calme et spacieuse.

    (c) Les enfants, sans doute, parce que le packaging a de jolis dessins et beaucoup de couleurs.

3   (a) (v), (b) (iii), (c) (vii), (d) (vi), (e) (i), (f) (ii), (g) (iv)

4   (a) des biscuits de mer (c'est-à-dire les biscuits secs et durs emportés sur les bateaux qui partaient pour de longs voyages) parce que Nantes était un grand port

    (b) au XIXᵉ siècle, pour les riches

    (c) en 1933

    (d) du chocolat (*fourrés au chocolat*)

    (e) vingt-quatre heures (*la chaîne de fabrication tourne à plein rendement, jour et nuit*)

    (f) pour donner une idée de l'énorme quantité de biscuits que produit la BN (*nous fabriquons l'équivalent de 150 000 km de biscuits par an [...] autrement dit, en deux ans nous réalisons en biscuits la distance de la Terre à la Lune*)

    (g) les enfants, une partie des adolescents et les très jeunes enfants

Activité 2

2   (a) (iii)

    (b) (i), (iv)

    (c) (iii)

3   (a) (xi), (b) (vi), (c) (v), (d) (i), (e) (viii), (f) (iii), (g) (x), (h) (xii), (i) (vii), (j) (ii), (k) (ix), (l) (iv)

4   (a) Il est ému parce que cela lui rappelle son enfance.

    (b) Beaucoup! Il a sans doute mangé des milliers de Chocos BN quand il était enfant.

    (c) Elle l'a lancé en 1933.

    (d) On change l'emballage tous les quatre à cinq ans, pour adapter le packaging à l'attente des clients, parce que les goûts changent. (*... pour [...] tenir compte de l'évolution des, des goûts...*).

    (e) C'est rond; c'est de plus haute qualité (*très supérieur*); et c'est un biscuit plus fondant, avec un fourrage plus riche. Il y a aussi un cœur au milieu.

    (f) C'est pour adultes, pour les gourmets et pour les gourmands.

    (g) Cela évoque l'amour, la tendresse, la passion.

Activité 3

A model answer to this activity is given on the CD and in the Transcript Booklet. After listening to Antoine's presentation, you might think of ways to revise your own.

Activité 4

1 Nous aussi, nous **en** mangions des paquets entiers au goûter.

2 Nous aussi, on **en** a vu des quantités incroyables.

3 Moi aussi, j'**en** bois trop.

4 Nous aussi, nous **en** fabriquons beaucoup.

5 Moi aussi, j'**en** ai tant que je vais devoir faire des kilos de confiture!

Activité 5

Answers to this activity are given on the CD and in the Transcript Booklet.

Note that the final '-s' in *plus* is not pronounced when the meaning is 'not … any more'.

Activité 6

Answers to this activity are on the CD and in the Transcript Booklet.

Activité 7

2 These are the answers to the questions. The entire dialogue is reproduced in the Transcript Booklet.

(a) Oui, nous en avons parlé.

(b) Oui, je vous en remercie.

(c) Oui, merci, je m'en suis servi(e).

(d) Merci beaucoup, mais non, nous n'en avons pas besoin.

Activité 8

These are the lines you were asked to complete. The words you should have inserted are in bold type. The entire dialogue is reproduced in your Transcript Booklet.

– Ah oui, je **m'en souviens** bien.

– Ça, c'est vrai, on **n'en changeait pas** souvent.

– C'est sûr, ils **s'en contentaient**.

– Je suis bien d'accord: on **n'en avait pas besoin**!

Activité 9

Model answers to this activity are given on the CD and in the Transcript Booklet.

Activité 10

1 Here are the words and phrases containing the sound [ø]. We have added their phonetic transcription.

Eugénie [øʒeni]

Lamoureux [lamuʀø]

les œufs [lezø]

ceux [sø]

deux [dø]

veux [vø]

bleu [blø]

délicieux [delisjø]

peu [pø]

Mathieu [matjø]

aux yeux [ozjø]

mieux [mjø]

Activité 11

2 In the text below, the verbs in the imperfect tense are in bold. The phrases expressing some sort of reminiscence are bold and underlined.

<u>Je me souviens très bien d'</u>une des affiches que je **regardais** souvent **quand j'étais enfant**. Il y **avait** moins de réclames que maintenant, et pas de télévision, donc pas de spots publicitaires! Alors, il est plus facile de se rappeler ces affiches.

Cette affiche, **je la revois comme si c'était hier**! La scène **se passait** dans une épicerie. Un vendeur portant une blouse blanche et une cravate **servait** une cliente élégante. Elle **avait** déjà posé sur le comptoir un sac plein de toutes les choses qu'elle **avait** achetées. Et le vendeur **mettait**, en souriant, des paquets de Casse-Croûte BN dans un deuxième sac. Sur la gauche de l'affiche une fillette, qui **avait** fini ses achats, **sortait** du magasin. Elle **portait** aussi un de ces sacs en papier qui **faisaient**, à l'époque, la publicité de la Biscuiterie Nantaise. On **devinait** qu'elle **avait** acheté des biscuits! Et nous aussi, on **voulait** manger des BN! D'ailleurs le texte de l'affiche **déclarait**: 'Exigez le véritable Casse-Croûte BN!'

C'**était** une affiche un peu naïve, un peu simple, comme elles l'**étaient** à l'époque, comparées aux affiches d'aujourd'hui, et pourtant, **chaque fois que je m'en souviens**, je suis un peu émue!

The imperfect tense used with the past participle of another verb, as in *avait posé, avait achetées/acheté* and *avait fini* is called the pluperfect tense – the equivalent here of 'had put', 'had bought' and 'had finished'. See your grammar book for a fuller explanation.

3 (a) Dans sa jeunesse, il y avait moins de publicités qu'à présent, et pas de télévision non plus. Il était donc facile de se souvenir des réclames que l'on voyait.

(b) Les publicités étaient moins sophistiquées qu'aujourd'hui. Elles étaient un peu simples, un peu naïves.

(c) Cette affiche évoque peut-être des souvenirs de son enfance: les courses qu'elle faisait avec sa mère, l'apparence des magasins à l'époque, les vêtements que les gens portaient, les goûters qu'elle aimait quand elle était petite.

Activité 12

Here is an example of the kind of text you might have written, though yours may well be very different. We have used two words you may not know: *une tartine* (a slice of bread and butter and jam) and *les volets* (the shutters).

Je me souviens si bien des goûters que ma mère préparait quand j'étais tout(e) petit(e).

Vers quatre heures de l'après-midi, j'allais dans le salon pour manger mes tartines de pain, beurre et confiture. On n'achetait jamais de confiture en pot. Nous habitions en Algérie et nous pouvions trouver de très beaux fruits, pas chers du tout. Ma mère faisait elle-même sa confiture d'oranges et elle était délicieuse. Je me rappelle très bien le salon, je vois encore les meubles sombres, les rayons de soleil qui passaient par les volets à demi fermés, je sens encore l'odeur des pommes posées dans une assiette, sur le buffet.

Ah, ces tartines! J'ai dû en manger des centaines. Elles évoquent toujours pour moi le temps heureux de l'enfance. Aujourd'hui la confiture d'oranges n'a plus le même goût!

Activité 13

In our view, these are the advantages and disadvantages of small shops and supermarkets.

	Petits commerces	Grandes surfaces
Avantages	2 Il y a un contact avec la clientèle. 5 Le service est meilleur. 6 L'accueil est sympathique. 11 Les gens sont plus gentils. 14 L'ambiance est familiale. 21 C'est à proximité de la maison.	1 On trouve de tout. 9 Il y a souvent des jeux-concours. 15 Tout est moins cher. 17 Il y a beaucoup de choix. 22 Il y a beaucoup de promotions. 24 C'est plus rapide.
Inconvénients	3 Les produits ne sont pas toujours frais. 10 Il n'y a pas assez de choix. 12 On ne peut pas payer par carte de crédit. 19 Les clients bavardent trop avec le commerçant.	4 C'est trop loin du centre. 7 Il y a trop de choix. 8 La musique est énervante. 13 On se sent perdu. 16 Il y a de trop longues queues. 18 Les caissières et les caissiers ne sont pas aimables. 20 On est trop tenté d'acheter. 23 Il n'y a pas de communication.

Your reaction to 21 depends on your circumstances: most people would say that one of the advantages of small shops is that they are just round the corner, but you may be lucky enough to have a supermarket close by your house, if you like supermarkets that is!

Activité 14

	Phrases
Première interview	2
Deuxième interview	14, 5, 11
Troisième interview	17, 6, 24, 1
Quatrième interview	1, 15
Cinquième interview	1, 15
Sixième interview	14, 13, 23

Activité 15

1 (a) Tu retournes à l'atelier ce soir? Mais tu as passé toute la journée **à l'atelier**!

(b) Nous allons passer quinze jours dans le Limousin. Oui, je sais, c'est la dixième fois que nous passons nos vacances **dans le Limousin**, mais ça nous plaît beaucoup.

(c) Vous voulez vraiment aller au cinéma? Bon, d'accord, on va **au cinéma**. Mais alors, pas pour voir un film d'horreur!

2 (a) J'ai horreur des hôpitaux. Quand j'**y** entre, je ressens une angoisse terrible.

(b) Tu veux aller à la discothèque? Eh bien, tu **y** vas sans moi!

(c) J'aime énormément la Bourgogne. C'est beau, c'est vert, c'est calme. Oui, décidément, je voudrais **y** finir mes jours!

3 + 4   Answers to this step of the activity are given on the CD and in the Transcript Booklet.

Activité 16

Here are the complete dialogues. Your responses are in bold.

1 – Mon mari et moi, on va voir *Doux rêveur* à l'Odéon ce soir.

– **N'y allez pas, je l'ai vu, ce n'est pas très bon.**

2 – Mon copain et moi, on va à la patinoire.

– **OK, mais n'y restez pas trop longtemps.**

– Combien de temps?

– **Restez-y une heure et après revenez faire vos devoirs.**

3 – Nous n'avons jamais bu de Suze. C'est un apéritif?

– **Oui, c'est très fort. Prenez-en un peu!**

4 – Je vais acheter du vin rouge à l'épicerie. Tu veux aussi du vin blanc?

– **Oui. Prends-en une bouteille.**

5 – On fait combien de quiches pour ce soir? On en fait six?

– **Non. Faites-en moins.**

Activité 17

Here is an example of the kind of answer you could have given. You might like to note some of the phrases to use yourself.

J'habite dans un quartier résidentiel où les magasins sont rares. Près de chez moi, il y en a seulement trois: un coiffeur, un marchand de journaux et une épicerie.

J'aime bien les grandes surfaces parce qu'on y trouve de tout et tout est vraiment moins cher. Et puis, bavarder avec les commerçants, je n'en ai pas envie parce que je n'aime pas perdre mon temps! Donc je trouve que les grandes surfaces, c'est plus rapide. J'y vais une fois par mois peut-être. Bien entendu, la petite épicerie du coin est pratique aussi parce qu'elle est à proximité de la maison. Donc je m'en sers assez souvent. J'y achète les choses que j'ai oublié d'acheter dans les grandes surfaces. Mais je ne peux pas payer avec ma carte de crédit.

Je suis convaincu(e) que les petits commerces sont en train de disparaître, dans les grandes villes en tout cas. Bien sûr, c'est un peu dommage, cette prolifération des grandes surfaces, mais c'est ça le progrès.

Activité 18

1   They create plans for the layout of spaces – in this case, banks, hotels and supermarkets.

2 (a) qui facilitent l'acte d'achat (un achat, *a purchase*) (*line 7*)

(b) tout ce qui est attirant (attirant *is from* attirer, *to attract*) (*line 10*)

(c) ça fait oublier (*literally, 'it makes you forget'*) (*line 11*)

(d) s'y rendent intentionnellement (*from se rendre à, to go to*) (*lines 14–15*)

(e) il n'est pas nécessaire de les appâter (*lines 15–16*)

(f) profiter de la pente naturelle (pente *means 'slope' as well as 'inclination'*) (*line 17*)

(g) électroménager (un ménage *means 'a household'*) (*line 23*)

(h) tout ce qu'on n'irait pas voir spontanément (irait, *from aller, means 'would go'*) (*lines 23–4*)

(i) qui fait marché (*lines 26–7*)

(j) les rayons moins affriolants (un rayon, *a shelf or, in a shop, a section or department*) (*line 29*)

(k) un fil conducteur (*line 30*)

3 (a) The right plan is (ii).

(b) 70% of purchases are unplanned (*non prémédités*), 30% planned.

(c) A more interactive – or human – setting, with salespeople rather than self-service: he gives the example of a dairy or pâtisserie section.

Activité 19

1 (a) forcément

(b) rayon

(c) boissons

(d) carton

(e) gazeuse

(f) plate

(g) téléviseurs

(h) magnétoscopes

(i) hi-fi

(j) ordinateurs

(k) lave-vaisselle

(l) plats

(m) coq au vin

(n) moules marinières

(o) lapin en sauce

2 Le plan de ces supermarchés est pratiquement le même: les produits frais et les secteurs les plus animés sont vers le fond du magasin, juste avant les produits surgelés et l'épicerie. Mais, dans ce supermarché, on a mis le rayon des boissons juste à droite en entrant, pour encourager les achats non prémédités. Ensuite viennent les 'produits bruns' et les 'produits blancs'.

3 **Avantages**

- Le supermarché est tout près — à dix minutes à pied de l'appartement de ses parents.

- On y trouve tout ce qu'il faut.

- Ils vendent des produits de bonne qualité, et pas trop chers.

Inconvénients

- Elle est toujours tentée d'acheter beaucoup de boissons.

- Avec la climatisation, il fait très froid dans le magasin (après la chaleur de la rue).

Activité 20

Model answers to this activity are given on the CD and in the Transcript Booklet.

Activité 21

1

Expressions prononcées	Interviews				
	1	**2**	**3**	**4**	**5**
(a) au niveau des fruits et légumes				✓	
(b) tout dépend de quoi il s'agit			✓		
(c) j'achète plutôt…	✓				
(d) pas tout à fait, faut le dire!				✓	
(e) je leur fais confiance		✓			
(f) on est entièrement contre					✓
(g) je me méfie tout de même un peu	✓				
(h) on peut vraiment se fier à			✓		
(i) à part		✓			
(j) on ne sait jamais	✓				
(k) on essaie d'éviter					✓
(l) pour la viande			✓		

2   (i) (h), (ii) (a), (iii) (f), (iv) (g), (v) (b),
(vi) (d), (vii) (c), (viii) (e), (ix) (l), (x) (k),
(xi) (i), (xii) (j)

Activité 22

1   Here are some possible answers. The phrases in bold show ways of expressing caution.

(a) **Personnellement, j'essaie d'éviter** les pâtisseries. Je fais un effort pour garder ma ligne! Donc j'en achète juste quelques-unes pour les enfants.

Note that if you answer in the affirmative, you should say *Si, je suis tenté(e)*.

(b) En général, **je fais attention** parce que c'est moi qui conduis.

(c) Oui, mais **j'évite systématiquement** tout ce qui est trop cher. Les enfants sont assez raisonnables, d'habitude.

(d) Non, **je me méfie** trop **de** la société de consommation! J'achète la plupart de mes vêtements pendant les soldes!

2   This is the kind of cautionary advice you could give. The phrases in bold show ways of advocating caution.

(a) MARTINE   Moi, je ne sais pas résister aux promotions.

VOUS **Il vaut mieux ne pas** emporter trop d'argent quand on fait ses courses.

or:

VOUS **Méfie-toi** des promotions – tu vas finir par dépenser plus qu'il ne faut!

(b) CORALIE Je ne sais pas dire non aux vendeurs de camelote qui circulent sous la Tour Eiffel.

VOUS **Méfiez-vous** toujours **des** vendeurs de camelote! C'est simple: ne les écoutez pas!

or:

VOUS **Il faut prendre garde à** ces gens-là – ils veulent tous vous voler!

(c) MARC Nous allons faire du camping dans les Pyrénées.

VOUS **Faites attention aux** orages!

Activité 23

1 You will have spoken from your notes, but here is a possible full script for your oral presentation, which combines the work done in Activity 17 with the additions suggested in Activity 23, including more link words which we have underlined. The new passages are shown in bold.

J'habite dans un quartier résidentiel où les magasins sont rares. Près de chez moi, il y en a seulement trois: un coiffeur, un marchand de journaux et une épicerie.

J'aime bien les grandes surfaces parce qu'on y trouve de tout et tout est vraiment moins cher. Et puis, bavarder avec les commerçants, je n'en ai pas envie parce que je n'aime pas perdre mon temps! Donc je trouve que les grandes surfaces, c'est

plus rapide. **Il y en a une à vingt minutes en voiture de chez moi.** J'y vais une fois par mois peut-être. **J'aime particulièrement le secteur textile: les vêtements sont bon marché, solides et très à la mode. Par contre, je me méfie beaucoup des promotions parce qu'il faut acheter en grandes quantités et après je ne sais plus où mettre tout ça à la maison. Je place mes dix paquets de pâtes au fond d'un placard et je les retrouve un an après, quand la date limite de vente est passée! Donc il faut essayer de résister aux offres spéciales!**

Bien entendu, la petite épicerie du coin est pratique aussi parce qu'elle est à proximité de la maison. Donc je m'en sers assez souvent. J'y achète les choses que j'ai oublié d'acheter dans les grandes surfaces! Cependant je ne peux pas payer avec ma carte de crédit! **Et il faut faire attention aux produits qui ne sont plus très frais.**

Je suis convaincu(e) que les petits commerces sont en train de disparaître, dans les grandes villes en tous cas. D'un côté, bien sûr, c'est dommage, mais de l'autre cette prolifération des grands surfaces, c'est ça le progrès.

Activité 24

1 The main title tells us that Carte Liberté (which suggests freedom) is handy (*commode*).

The other titles are straightforward. *Profitez des avantages* presents the benefits offered by the card: you'll be able to use special checkouts (*Des caisses réservées*), you'll have a choice of payment options (*Les modalités de paiement*), you'll be able to take advantage of special offers (*Les promotions*) and to use cash machines (*Les distributeurs automatiques de billets*).

The next section of the brochure explains what you have to do to obtain the card (note the emphasis on the urgency of the matter: *Comment obtenir **dès aujourd'hui** votre Carte Liberté?*). Finally, the *Demande de Carte Liberté* is the application form.

2   (a) espèces
    (b) chéquier
    (c) pièce d'identité
    (d) facilités de paiement
    (e) régler au comptant
    (f) moyennant un prélèvement bancaire
    (g) un montant
    (h) que nous mettons à votre disposition
    (i) retirer
    (j) bulletin de salaire
    (k) conjoint
    (l) avis d'imposition
    (m) carte bancaire en cours de validité
    (n) quittance

3   (a) Dans plus de 200 hypermarchés Mastodonte en France et en Belgique.

    (b) Parce qu'avec la Carte Liberté, vous pouvez faire vos courses sans porter ni espèces, ni chéquier ni carte bancaire.

    (c) Vous avez moins d'attente, donc vous gagnez un temps précieux.

    (d) 800 € (au comptant, c'est-à-dire sans crédit: vous payez directement avec l'argent prélevé sur votre compte bancaire).

    (e) 4 000 €.

    (f) Dans les distributeurs qui se trouvent dans chaque magasin Mastodonte; 400 € par semaine.

4   (a) (vi), (b) (iv), (c) (viii), (d) (vii), (e) (i), (f) (ii), (g) (iii), (h) (v)

5   Unemployment, invalidity, illness, death and loss or theft of the card.

6   We have not provided a *corrigé* as everyone's answers will be different.

Activité 25

1   Oui oui, je suis salariée.

2   À peu près 2 000 € par mois.

3   Oh, ça fait, attendez… ça fait, ça fait sept ans.

4   Deux ans et demi à peu près…, deux ans et demi.

Activité 26

Model answers to this activity are given on the CD and in the Transcript Booklet.

Activité 27

Model answers to this activity are given on the CD and in the Transcript Booklet.

Activité 28

Model answers to this activity are given on the CD and in the Transcript Booklet.

Activité 29

Model answers to this activity are given on the CD and in the Transcript Booklet.

Activité 30

Here is one explanation of the difference:

> Le débit différé, **ça veut dire que** vous ne payez qu'en fin de mois, **alors que/tandis que** en ce qui concerne le débit immédiat, vous payez tout de suite.

Activité 31

1 (b); 2 (b), (d), (e), (f), (g); 3 (b), (c); 4 (b), (c); 5 (b); 6 (a)

Activité 32

1 These are the lines you were asked to complete. The dialogue is reproduced in full in your Transcript Booklet.

- Hier soir, vous (a) vous êtes couché à quelle heure?

- Et ce matin, vous (b) vous êtes réveillé quand?

- Et vous (c) vous êtes levé à quelle heure?

- Et dans l'après-midi, vous (d) vous êtes reposé?

- Tu (e) t'es servie de mon rasoir?

- Vous (f) vous êtes occupée des enfants jusqu'à quelle heure?

- Et après, ils (g) se sont couchés?

Activité 33

We have not provided a *corrigé* for this activity, as your presentation will be personal to you. However, it is worth checking that you have used the right combination of pronouns and form of *être*: *je me suis, nous nous sommes*, etc.

In these two cases, make sure you pronounce the third 's' in *assise* and *assises*. Watch out for other examples of this.

> Hier, je me suis assis**e** dans le parc.

> Nous nous sommes assis**es** dans le parc.

Activité 34

1 The verbs in the perfect tense are in bold.

ANNICK   Et alors, ils t'ont tout pris? Et tu ne **t'es aperçue** de rien? Tiens, c'est bizarre! Raconte-moi comment cela **s'est passé**.

SYLVIE   Eh bien, je suis revenue du travail vers 20 heures. Je **me suis assise** devant la cheminée, et après quelque temps je **me suis endormie**. Plus tard, je **me suis réveillée** soudain. La lumière n'était plus allumée: je **me suis demandée** pourquoi, et puis je **me suis aperçue** que la porte-fenêtre était ouverte aussi…

2   Hier soir, nous **nous sommes** beaucoup **amusés** à la fête; vers minuit, nous **nous sommes mis** en route pour trouver l'hôtel, qui était à la campagne, pas loin de la ville. Nous **nous sommes installés** dans notre chambre, et nous **nous sommes endormis** tout de suite. Le matin, je **me suis réveillée** brusquement. Quelque chose n'allait pas. J'ai réveillé mon mari et je lui ai dit que j'avais peur. Il **s'est moqué** de moi, mais à ce moment-là, nous avons entendu un bruit extraordinaire, terrible, puis plus rien, le silence. Roger **s'est exclamé**,

'Mais qu'est-ce qui se passe?'. Alors nous **nous sommes levés** et nous sommes allés regarder par la fenêtre. Dehors, dans le jardin de l'hôtel, tout semblait absolument tranquille. Nous **nous sommes aperçus** qu'il y avait de beaux oiseaux, grands comme des cygnes. Et soudain, les oiseaux **se sont mis** à crier – mais quel cri! Le même cri épouvantable! C'étaient des paons – ils sont bien beaux, mais ils ont une voix à réveiller les morts!

3   We have not given a suggested version for this step of the activity, but here is a checklist which you might find helpful for work involving reflexive verbs:

- Have you included the reflexive pronoun as well as the main pronoun? *Nous **nous** sommes rencontré(e)s.*

- Have you used the right form of *être*? *Nous nous **sommes** rencontré(e)s.*

- Has the appropriate past participle agreement been made? *Je me suis levé* if *je* refers to a man; *je me suis levée* if *je* refers to a woman.

Activité 35

1   These are the lines you were asked to fill in. The entire dialogue is reproduced in your Transcript Booklet.

- Tu t'es réveillée tard, ce matin?

- Et tu t'es fâchée aussi, n'est-ce pas?

- Parce que tu t'es levée tard?

- Tu t'es bien amusée au moins?

- Tu es allée à Caen et tu t'es ennuyée?

- Vous ne vous êtes pas promenées dans la ville?

Activité 36

1   (a) (vi), (b) (ix), (c) (x), (d) (i), (e) (ii), (f) (xi), (g) (iii), (h) (iv), (i) (vii), (j) (v), (k) (viii)

2   All the statements are true apart from the following.

   (b) (*Vivre en HLM, c'était pas le rêve…* to live in a HLM, as they used to, was not ideal at all. This house was in a better area, with a garden and no direct neighbours.)

   (d) (i) (*Après, il y a eu la maladie de **mon mari***).

   (e) (… *on n'y arrivera jamais*: we'll never manage).

Activité 37

2   (c) Yvonne thought the rep was not honest: he gave the impression of arriving *comme par hasard* […] *il atterrit à la maison*, whereas he actually went round all *les quartiers populaires*, where people no longer felt they had any hope of better housing.

3   The corrected wording is shown in bold.

   Le quartier **est bien**. Vous **n'aurez plus de** voisins. La maison est **tapissée, clés en main**. Elle a un **jardin** où les enfants pourront jouer. La maison est **abordable**, et il n'y a rien à avancer, donc elle est facile à obtenir. **C'est une maison idéale ('le rêve')** – vous serez heureux!

4   (b) is the correct summary.

Activité 38

2   (a) réalisatrice
   (b) a vécu

(c) brut

(d) allocations

(e) tente tant bien que mal (*tente* is singular because it agrees with *famille*)

(f) joindre les deux bouts

(g) renoncé à la cantine

(h) un ancien comptable à la retraite (ancien *here means 'former' or 'ex-'*)

(i) démêle pour eux la paperasserie

(j) la hantise du chômage (hantise *means a 'haunting obsession or fear'*)

(k) quémander de l'aide

3 (a) Ils ont acheté un service de porcelaine assez cher, et ont emprunté de l'argent 'imprudemment'. Mais surtout, leurs revenus ne sont pas adéquats pour une famille: ils essaient 'tant bien de mal' de 'joindre les deux bouts' avec 10 000 F par mois.

(b) Ils sont au supplice parce qu'ils voient des choses qu'ils désirent ou qui sont nécessaires, mais qu'ils ne peuvent pas acheter: ils n'ont pas assez d'argent.

(c) Ils sont de bonne humeur ('rieurs'), c'est vrai, mais ils sont 'graves' et 'comprennent la situation': ils connaissent bien les difficultés vécues par leurs parents.

(d) Sa grande inquiétude, c'est la possibilité de perdre son emploi; son 'fol' espoir, c'est de gagner à la loterie, un jour.

Activité 39

1 Voici les mots et expressions:

(a) quotidien

(b) HLM

(c) travaille

(d) allocations

(e) imprudemment

(f) acheté à crédit

(g) les habille

(h) le fol espoir

2 The transcription is given in the Transcript Booklet.

Activité 40

Here is one possible answer. We have highlighted the link words in bold. Note the clear structure. Go through the text highlighting the adjectives, reflexive verbs and any vocabulary which you recognize from what has been taught in the section.

Tout d'abord, je dois avouer que je suis très défavorable à la société de consommation et que je me méfie de son influence, sur les jeunes surtout.

Pour commencer, les jeunes ont tout ce qu'ils veulent trop vite. **Alors**, bien sûr, ils deviennent exigeants, ils doivent tout avoir, sinon ils sont pleins de ressentiment.

Ensuite, je pense aux magasins: est-ce que c'est vraiment un progrès d'avoir tant de magasins énormes, et tant de produits? Il y a des supermarchés partout, tandis que les petits commerces doivent fermer: c'est vraiment dommage. **De plus**, les crédits sont trop faciles à obtenir, et cela cause de grands problèmes d'endettement. **Enfin**, nous avons beaucoup de possessions; **en revanche**, nous n'avons pas le temps d'en profiter.

Je me demande si avoir toujours plus apporte le bonheur.

En conclusion, je pense qu'il faut éduquer nos enfants pour leur faire comprendre que consommer, ce n'est pas tout dans la vie. Avoir, c'est bien; mais être heureux, c'est encore mieux.

Activité 41

1 (a) Parce que le poste est occupé.

(b) Il est absent, à l'étranger ('... *il n'est pas là...*'), et il revient au bureau le 9 juillet.

(c) Elle décide d'envoyer un fax à Monsieur Legallois.

2 (a) Est-ce que je pourrais parler à…?

(b) C'est de la part de qui?

(c) Je vous passe le service Afrique.

(d) Le poste est occupé.

(e) Vous patientez?

(f) Il n'est pas là en ce moment.

(g) C'est à quel sujet?

(h) Bien sûr.

(i) C'est bien ça?

(j) Exactement.

Activité 42

There is no *corrigé* for this activity.

Activité 43

1 These are the lines you were asked to fill in.

– Allô?

– Elle est absente/n'est pas là en ce moment.

– Oui, bien sûr. C'est à quel sujet?

– Ah, le mobilier que vous avez commandé. Et c'est de la part de qui?

– Michel Donnadieu. Avec deux N?

– (Est-ce que) Germaine a votre numéro de téléphone?

– Très bien, c'est noté. Au revoir, monsieur.

2 Model answers to this part of the activity are given on the CD and in the Transcript Booklet.

Activité 44

1 Madame Madhur Chaudhuri, 25 rue Emmaüs

2 Mademoiselle Jeanne Amory , 39 avenue Josquin-des-Prés

3 Monsieur Grigori Tourguenieff, 119 square Kristeva

4 Madame Consuelo McGonnagle, 11 boulevard Jarry

5 Madame Mary-Jo O'Shaughnessy, 75 cours Jean-Jaurès

6 Monsieur Yasuhito Wada, 96 quai Thuilleaux

Activité 45

Model answers to this activity are given on the CD and in the Transcript Booklet.

Activité 46

1 (a) Nous allons **lui** vendre notre ferme.

(b) Est-ce que tu peux **lui** prêter ton portable?

(c) Elle **leur** a téléphoné ce matin.

(d) Je refuse de **leur** vendre la ferme.

(e) Veux-tu **leur** louer l'appartement?

3 (a) Nous allons **la lui** vendre.

(b) Est-ce que tu peux **le lui** prêter?

(d) Je refuse de **la leur** vendre.

(e) Veux-tu **le leur** louer?

Activité 47

2 (a) Monsieur,

(b) Votre aide nous serait précieuse.

(c) Dans l'attente de votre réponse…

(d) … je vous prie d'agréer, Monsieur, l'expression de mes sentiments les plus cordiaux.

Activité 48

This is how the letter might look.

[Top left: your friend's name and address]

Mairie de Saint-Pardoux
F-88326 Saint-Pardoux
France
Fax: 00 33 7 48 58 61 32
[date]

Messieurs,

Je voudrais louer une maison à Saint-Pardoux. Pourriez-vous m'envoyer une liste de propriétés à louer dans la commune (or dans le village)?

Je vous remercie d'avance et vous prie d'agréer, Messieurs, l'expression de mes sentiments distingués.

[signature]

Activité 49

[Top left: your name and address]

Office du Tourisme de
Saint-Donat
19, avenue des Sorbiers
F-26924 Saint-Donat
France
[date]

Messieurs,

Pourriez-vous m'envoyer une documentation sur la ville de Saint-Donat et ses alentours, sur les sites d'intérêt et les possibilités d'hébergement (hôtels, chambres d'hôtes, gîtes ruraux) en ville et à la campagne?

Je vous remercie d'avance et vous prie d'agréer, Messieurs, l'assurance (or l'expression) de mes salutations distinguées.

[signature]

Activité 50

2 (a) Les majuscules créent un effet trop dramatique – le message peut sembler impoli et agressif.

(b) Un mél est tellement facile à écrire qu'on est tenté de répondre immédiatement, et peut-être d'écrire quelque chose qu'on regrettera plus tard, comme par exemple un message trop émotif ou trop agressif.

4 Here is a list of incorrect spellings contained in the second mail: check the correct spelling in your dictionary if necessary. Points of *nétiquette* are

addressed in the improved version shown in (5) below.

- probleme; infromatique; exceptionel; envoyé; spésialiste

5 Here's one possible improved version of the second e-mail. Note the date of this reply (which will have allowed a 'cool-off' period before sending!) and the fuller subject header, as well as the more polite and careful wording of the message itself.

Adresse: Marc.Duval@act.com

c.c.:

Auteur: Antoine Leclerc [aleclerc@infotec.fr]

Date: jeu 27/06/02

Heure: 09:01:25

Objet: Votre mél du 26 juin

Monsieur,

Je vous remercie de votre mél d'hier. Je suis désolé d'apprendre que vous avez des problèmes en ce qui concerne votre système informatique. C'est un cas assez exceptionnel, et je le regrette très sincèrement. Nous allons vous envoyer un spécialiste dans les plus courts délais.

Je vous prie de bien vouloir accepter nos excuses*, et d'agréer, Monsieur, l'expression de mes sentiments distingués.

Antoine Leclerc
Infotec

* This is a useful expression for expressing an apology.

Activité 51

Here is an example of what you could have written.

Adresse: [syndicat d'initiative de Nîmes]

c.c.:

Auteur: [votre nom]

Date:

Objet: Demande de renseignements

Messieurs,

Un ami m'a parlé d'un gîte dans votre région, Les Parpaillouns, mais malheureusement il a perdu l'adresse du gîte. Pourriez-vous m'en communiquer les coordonnées?

Je vous remercie d'avance et vous prie d'agréer, Messieurs, l'expression de mes sentiments distingués.

[votre nom]

Activité 52

1 (a) Elle travaille neuf heures en tout: de 9 heures à 12 heures et de 14 heures à 20 heures.

(b) S'ils arrivent entre midi et 14 heures ou après 20 heures, ils doivent attendre pour passer par l'écluse. Mais ils comprennent que l'éclusière a besoin d'une pause.

(c) Peut-être que ces horaires lui conviennent. Elle a le temps de s'occuper des enfants le matin, et d'aller les chercher à l'école à midi. Mais sa journée est longue!

2 (a) Quand arrive 9 heures…

(b) Je reprends mon service…

Activité 53

2 Elle part à la campagne pour porter son pain dans un petit magasin de village, et elle le vend aussi directement à des particuliers.

3 (a) Elle commence avant 8 heures, pour préparer l'ouverture du magasin à cette heure-ci. Puis de 8 h 30 à 11 h 30 elle fait sa première livraison dans un autre village. Elle doit ensuite préparer le déjeuner chez elle et remettre du pain au magasin, si c'est nécessaire. Elle fait une pause à 14 heures, mais elle recommence le travail au magasin à 16 heures. Cela fait donc une longue journée. C'est sûrement fatigant!

(b) Le 'portage', c'est porter du pain dans des villages où il n'y a pas de boulangerie. Véronique et son mari mettent leur pain dans un 'dépôt' à l'intérieur d'un autre magasin, et ils le vendent aussi dans les rues et dans les fermes. C'est nécessaire parce que, à la campagne, on n'a pas toujours assez de clients sur place dans un village pour vivre donc souvent il n'y a pas de boulangerie.

(c) (i) Ma journée se déroule ainsi:
(ii) Nous allons faire un peu de 'porte à porte', si on peut dire.
(iii) Nous rouvrons à 4 heures.

(d) • revenir (*Je reviens ici…* 'I come **back** here')
• remettre (*… pour remettre du pain au magasin…* 'to put some **more** bread in the shop')

Activité 54

1 (a) C'est Benoît qui travaille le plus. Philippe travaille de 9 heures à 19 heures ou 20 heures; Djamel de 6 heures à 14 heures; Kamel de 14 heures à 24 heures; Christophe de 5 heures à 13 h 30 ou 14 heures; Thomas de 9 heures à 19 heures; mais Benoît, le pauvre, travaille de 7 h 45 à 20 heures!

(b) C'est Médina qui a le plus de temps libre. Elle est étudiante.

(c) C'est Christophe qui commence le plus tôt, à 5 heures, et Kamel qui finit le plus tard, à minuit. Ils travaillent tous les deux dans la pâtisserie.

2 • Qu'est-ce que vous faites dans la vie? (× 2)

• Vos horaires de travail, c'est quoi (à peu près)? (× 2)

• Quels sont vos horaires de travail (exactement)? (× 2)

• Vous travaillez le matin?

• Vous commencez très tôt le matin?

• Vous faites une pause?

3

Nom		Réponse en français
Benoît	*(I finish fairly late.)*	Je termine assez tard.
Philippe	*(I run several newspapers.)*	Je dirige plusieurs journaux.
Djamel	*(I'm the one who opens up the shop.)*	C'est moi qui fais l'ouverture.
Philippe	*(I work weekends from time to time, but not regularly.)*	Je travaille de temps en temps le week-end mais pas de façon régulière.
Christophe	*(I finish at about 1.30, 2.00.)*	Je termine vers 13 h 30, 14 heures.
Kamel	*(I take over from 2.00.)*	Moi je reprends à partir de 14 heures.
Médina	*(It depends on the times of the university, of the classes.)*	Ça dépend des heures de la fac, des cours.
Thomas	*(Lunch between about 12.30 and 2.00, roughly.)*	Le déjeuner entre midi trente et 14 heures à peu près.*

* *À peu près* can be used either before or after an expression of time or quantity, to mean 'about/approximately': either *vingt personnes à peu près* or *à peu près vingt personnes*.

Activité 55

1 Max semble (b) détendu, (e) serein, (g) de bonne humeur.

2 (a) quel est votre métier?

(b) autrefois *('formerly, in the past'; note how Max uses the imperfect here –* j'**étais** autrefois.*)*

(c) autrefois

(d) exerce *(from exercer, 'to practise a profession')*

(e) à vrai dire

(f) en fonction des *('depending on'; Max could also have said* **selon** les critères extérieurs*)*

(g) humeur *('mood')*

Activité 56

The liaisons you could hear are shown below.

* Georges et André vont de temps en temps aider les autres éclusiers.

* Nous avons trois enfants et nous les amenons au club le samedi à neuf heures.

* Quand on est âgé c'est dur de monter les escaliers.

* Ils ont vu un homme et une femme qui jouaient aux échecs dans un parc.

Activité 57

1 (a) Elle voyage tout le temps – elle n'a pas vraiment de base régulière pour son travail. Elle dit même, 'Mon bureau, c'est moi'. Ses collègues du bureau parisien ne sont pas forcément les plus proches.

   (b) Babeth dépend totalement de son PC portable et de son téléphone portable pour son travail. Si elle les perdait, ce serait 'la fin de tout' – une catastrophe totale.

   (c) Non, elle préfère la vie qu'elle mène actuellement: 'Évidemment, j'aime ça, je ne pourrais jamais bosser comme tout le monde'.

2 Here are some that you might have identified.

   je file I'm dashing off (from *filer*); a very common phrase is *Il faut que je file,* 'I've got to go/I must be off'

   trucs (m.pl.) things, stuff

   le boulot work, job

   pompés absorbed, used up (from *pomper*; agrees here with *les trois quarts*)

   le coup de the matter/business/fact of (suggests something all too familiar)

   je squatte I park myself/perch (from *squatter*)

   bosser to work

   appart (m.) flat (short for *appartement*)

3 (a) (x), (b) (v), (c) (iv), (d) (vii), (e)* (ix), (f)** (viii), (g) (vi), (h) (i), (i) (iii), (j)*** (ii)

   * *au niveau professionnel* literally, 'on/at the professional level'

   ** *n'importe où* anywhere (literally, 'it does not matter where'); compare *n'importe qui/quand/quoi* 'anyone/any time/anything'

   *** *parfois* also, of course, *quelquefois*; *des fois* is common in conversation, too, but not considered 'good' in formal French

Activité 58

Here is an example of the kind of thing you might have written.

> Personnellement, je n'aimerais pas travailler dans la pâtisserie car les journées sont trop longues: commencer le travail à cinq ou six heures du matin tous les jours, non merci! Et je ne voudrais pas vraiment vivre comme Babeth, dans les relations publiques internationales, qui est toujours dans un endroit différent. Je trouve que la journée de Benoît, conseiller en organisation, est beaucoup trop longue. J'aimerais mieux avoir les horaires d'étudiant comme Médina, ou être complètement libre comme Max, le musicien – mais ça, c'est un rêve!

Activité 59

Extract 31 is reproduced in the Transcript Booklet as a model answer to this activity.

Activité 60

There is no model answer for this activity as the content will be personal to you. But you might have used some of the following expressions, amongst others:

- autrefois… maintenant…
- parfois/tout le temps
- Ma journée se déroule ainsi:
- à partir de/de… à/entre… et…/jusqu'à/vers
- quand arrive … heures

- ensuite
- durer
- cela dépend de/en fonction de/selon
- à peu près/en tout
- faire une pause/reprendre (le travail)/terminer
- exercer
- diriger
- de temps en temps/(pas) de façon régulière
- à vrai dire

When giving your profession in French, you do not need to use an article such as *un* or *une* with the job title after the verb *être*, as you hear when Max says, *'J'étais dessinateur industriel'*. *Saltimbanque* is not really a job title, which is probably why he then says, *'Je suis **un** saltimbanque de rue'*. An article **is** used, however, when the role or job is qualified by an adjective: *une **bonne** fleuriste*.

Activité 61

Elle travaille chez elle; son logement est gratuit grâce à son travail, donc elle ne paie pas de loyer; et elle peut s'occuper de ses propres enfants (ils ont toujours été avec elle et non pas chez une nourrice).
L'inconvénient, c'est qu'il faut travailler le dimanche.

Activité 62

1   Il semble aimer bien son travail, en effet.

2   (a) demande – d'énergie

(b) métier

(c) passionnant

(d) relations humaines – rencontre – gens

(e) fatigant – plaisant

(f) dehors sur un espace assez grand encore

Activité 63

	Maître Bourgeois	Kamel Chelba	Djamel Ahfir
Pour moi, mon métier n'a pas d'inconvénients.			✓
Me lever tôt, cela me convient.*			✓
J'aime mon travail.		✓	
Dans notre métier, nous portons toute la responsabilité à nous seuls.	✓		
Ce métier me vient de mes parents.		✓	
L'avantage, c'est que nous n'avons pas de patron.	✓		

* Djamel says, *'Ça m'arrange plutôt'* ('It suits me, if anything./It rather suits me.').

Activité 64

1 Elle aime beaucoup son travail. Elle aime surtout le contact et la communication avec beaucoup de personnes.

2 + 3 (a) + (b) côtés positifs *positive aspects (literally, 'positive sides')*

(c) en premier lieu *first of all, in the first place*

(d) salariés *workers, wage-earners, employees*

(e) en difficulté *with problems, who are in a difficult situation*

(f) chaleureuses *warm(-hearted), sincere (masculine chaleureux; la chaleur means 'warmth/heat')*

(g) lieu de travail *place of work*

(h) enrichissant *rewarding (literally, 'enrichening')*

(i) côtés négatifs *negative aspects*

(j) comme travail *as a job, in the way/by way of work*

Activité 65

1 There is no model answer for this part of the activity as the content will be personal to you.

2 + 3 Extract 34 is reproduced in the Transcript Booklet.

Activité 66

1 Il mentionne le fait d'avoir **un travail intéressant**, l'importance des **conditions physiques** (est-ce qu'il y a trop de bruit? l'endroit où on travaille – et où on mange – est-il propre?) et évoque aussi le **style de management**: savoir écouter, savoir trouver des solutions ensemble, donc éviter les conflits.

2 Oui, il a plus ou moins la même opinion. Il dit qu'il faut aimer son travail et avoir une activité 'valorisante', donc qui donne une grande satisfaction. Il parle aussi de l'importance de la 'qualité des relations entre les personnes', qui est 'un des éléments essentiels'. Il ne mentionne pas pourtant le cadre physique du travail.

Activité 67

1 Ça demande un sens artistique, une bonne santé physique et un long apprentissage.

2 (a) passionnant
(b) amoureuse
(c) nature
(d) compense
(e) manque
(f) sommeil
(g) dure
(h) stages
(i) durent
(j) maîtrise
(k) artisanats
(l) métiers

Activité 68

2 (a) (iii), (b) (v), (c)* (iv), (d) (ii), (e)** (i)

* *attentes* related to *s'attendre à* 'to expect'

** *sur le plan…* like *au niveau de*, a very common expression meaning 'in terms (of)/as far as… is concerned' (literally, 'on the level (of)'); for example *sur le plan économique/de l'économie, au niveau du salaire/des relations humaines*

3 (a) positifs: oui (ils veulent exercer des responsabilités, apprendre et se développer sur le plan personnel, avoir des contacts enrichissants, créer)

(b) matérialistes: non (ils ne choisissent pas les métiers qui permettent le mieux de s'enrichir sur le plan financier)

(c) sérieux: oui (ils veulent exercer des responsabilités, apprendre et se développer)

(d) égoïstes: non (ils veulent être utiles, participer à des projets collectifs)

Activité 69

Here is one example of a presentation on the subject, based on views expressed in these activities.

> Je crois qu'il faut surtout avoir un travail qui vous intéresse. Pour moi, avoir des contacts enrichissants, c'est très important, et aussi être utile, exercer des responsabilités. Sur le plan économique, il est vrai qu'on a besoin d'un bon salaire, mais le plus important pour moi, c'est la qualité des relations entre les personnes, et le fait de faire quelque chose de valorisant. Et puis apprendre et se développer sur le plan personnel, ça, c'est essentiel.

Activité 70

1 (a) Laure

(b) Gilbert

(c) Maître Bourgeois

(d) Philippe

(e) Thomas

(f) Thomas

(g) Nicolas

(h) Colette

(i) Benoît

(j) Maître Bourgeois

3 Here are some examples of the kind of sentence you might have written.

(a) Mes revenus mensuels sont **de l'ordre de** 3 000 €.

(b) **C'est un salaire qui me convient**: ce n'est pas beaucoup, mais j'ai une maison de fonction.

(c) **Ça doit faire** $100 **à peu près**.

(d) Je gagne 3 500 € **brut par mois**.

(e) Je préfère avoir du temps libre, **plutôt qu'**un grand salaire et douze heures de travail par jour!

(f) Je gagne **aux environs de** 35 000 € par an.

(g) **Vu les heures qu'on fait**, on mérite une augmentation!

(h) Je gagne **un salaire moyen**.

(i) Ce salaire est **tout à fait** inadéquat!

(j) **C'est pas vraiment payé** pour un travail où on prend beaucoup de risques.

(k) **En considérant qu'il s'agit d'un premier poste**, j'ai beaucoup de responsabilités.

Activité 71

Model answers to this activity are given on the CD and in the Transcript Booklet.

Activité 72

These sentences appear on the CD and in the Transcript Booklet. Correct pronunciation of the 's's shown in bold is as follows:

(a) **S**u**s**ie [suzi]

e**ss**aie [esɛ]

laisser [lese]

son [sɔ̃]

passeport [paspɔʀ]

(b) expertise [ɛkspɛʀtiz]

commission [kɔmisjɔ̃]

essentielle [esɑ̃sjɛl]

mission [misjɔ̃]

(c) traversé [tʀavɛʀse]

désert [dezɛʀ]

semaines [səmɛn]

(d) révisait [ʀevize]

réussir [ʀeysiʀ]

ses [sez]

(e) ils [ilz]

version [vɛʀsjɔ̃]

anglaise [ɑ̃glɛz]

(f) sa [sa]

sincérité [sɛ̃seʀite]

insupportable [ɛ̃sypɔʀtabl]

(g) suis [sɥi]

désolé(e) [dezɔle]

Activité 73

1 + 2 D'après *l'Humanité*, les employeurs justifient cette discrimination par la 'préférence nationale' (ils déclarent qu'il est juste de donner des emplois à des Français plutôt qu'à des étrangers) et par le 'contact avec la clientèle' (ils prétendent que les clients préfèrent rencontrer des employés français plutôt que des employés étrangers).

3 (a) actuellement *currently/at present*

(b) enquêtes *investigations/surveys*

(c) assument *(here) stand by (an attitude or opinion)*

(d) condamnations *(here) convictions in a court of law*

As you can see, in this context all the above French words are *faux amis* – they look similar to something in English but mean something different.

(It is worth bearing in mind however that many words have more than one meaning: so, in other contexts, *assumer* can indeed mean 'to assume' (responsibility, liability) and *condamnation* can mean 'condemnation'.)

4 (a) Oui: ils souffrent trois fois plus du chômage.

(b) Ils souffrent quatre fois plus du chômage que les autres jeunes Français.

(c) 'Et pourtant, chaque année, les condamnations pour discrimination se comptent sur les doigts de la main.' Cela indique que très peu des patrons sont poursuivis pour cette discrimination.

Activité 74

2 (a) Les emplois sont la plupart du temps temporaires (des CDD).

(b) Des emplois mal payés, sans prestige ni responsabilité et sans espoir de promotion.

(c) Le bas niveau des salaires ('*On nous exploite…*' – '*On est mal payé…*').

3 Leurs efforts ne sont pas récompensés, parce que leurs diplômes ne leur apportent pas d'avantages ('ne s'avèrent d'aucune utilité') et qu'on ne les prend pas au sérieux ('il y a une dévalorisation de nos diplômes'). Ils ne trouvent pas d'emplois, malgré leurs diplômes.

Activité 75

Here is the transcript of one possible report.

> Selon une enquête récente, les étrangers d'origine non européenne sont trois fois plus touchés par le chômage que les Français (29,3% sont chômeurs contre 9,5%). Chez les jeunes, l'écart est plus grand encore: quatre sur dix des jeunes d'origine algérienne sont au chômage, contre un sur dix chez les autres jeunes français. Et beaucoup d'employeurs reconnaissent qu'ils pratiquent cette discrimination, et la justifient même.

Activité 76

Hopefully you will have found that your comprehension of the sequence progressively improved as you worked on it. With practice you will find this type of work becomes easier.

Activité 77

1   Your ideas may include some of the following:
  * moins d'artisanats dans l'avenir, plus de métiers dans l'informatique;
  * une majorité d'emplois dans le secteur des services et des loisirs;
  * plus de travail à la maison;
  * plus de précarité d'emploi;
  * plus de respect dans les entreprises pour l'environnement et l'écologie.

3   (a) relier
  (b) actualiser
  (c) ceci implique
  (d) une bonne capacité relationnelle
  (e) la maîtrise
  (f) croissant
  (g) une enquête
  (h) l'aptitude à la communication
  (i) devront mettre en œuvre
  (j) veiller à l'ambiance de travail
  (k) la liberté […] de proposition

4   (a) ne seront pas toujours   *will not always be*
  (b) devront   *will have to*
  (c) seront d'autant plus importantes   *will be all the more important*

5   (a) Inexact. ('Les connaissances resteront sans doute importantes…')
  (b) Exact. ('… mais peut-être moins que la capacité à les relier entre elles, à en faire une synthèse, à chercher les informations, à les actualiser et à les appliquer…')
  (c) Exact. ('Le travail en réseau devrait aussi se généraliser…')
  (d) Inexact. (Le texte ne dit pas ceci, mais que les diplômes 'ne seront pas toujours **suffisants** pour répondre aux besoins futurs de l'économie et des entreprises'.)
  (e) Inexact. (Savoir motiver les autres ['animation'] sera important, mais la créativité également: l'animation sera un 'atout important', mais 'La créativité devrait **aussi** jouer un rôle croissant…')
  (f) Inexact. ('Ces qualités seront d'autant plus importantes que l'on se situera près du sommet de la hiérarchie.')
  (g) Inexact. ('Les entreprises devront demain faire autant d'efforts à l'égard de leurs salariés que vis-à-vis de leurs clients.')
  (h) Exact. ('… les entreprises devront mettre en œuvre de nouvelles méthodes de gestion des ressources humaines. Cela implique de définir des valeurs et une éthique…')

(i) Exact. ('Cela implique […] de favoriser la liberté d'expression et de proposition…')

(j) Exact. ('Cela implique […] de reconnaître les efforts accomplis et les résultats obtenus, de considérer chaque salarié et de lui permettre de progresser.')

6 À notre avis, ces prédictions sont réalistes.

Activité 78

1 travaillerons

2 organiserons

3 aurons

4 devront

5 seront

6 définiront

7 se rendront

8 persuaderez

Activité 79

Here is one possible article on the proposed topic (with verbs in the future tense shown in bold).

Le monde du travail en 2025

En 2025, le travail **sera** certainement différent dans beaucoup de métiers. Il y **aura** moins d'artisanats, et encore plus de métiers dans les technologies de l'information et de la communication. La très grande majorité des gens **travailleront** dans les services: donc, la capacité relationnelle et l'aptitude à la communication **seront** encore plus importantes qu'aujourd'hui. Nous **aurons** aussi beaucoup de loisirs, donc beaucoup de personnes **travailleront** dans le secteur des loisirs. La créativité et le dynamisme **seront** encore plus importants, et les travailleurs qui **auront** ces capacités **seront** très valorisés. Grâce aux nouvelles technologies ils **auront** la chance de travailler plus à la maison qu'aujourd'hui, mais leur emploi **sera** peut-être aussi moins stable. L'écologie **aura** une grande importance, et les entreprises **feront** tout pour prouver qu'elles respectent la nature.

Activité 80

3 Here is an example of the sort of notes you might have made for your presentation from the materials used; you will have added ideas of your own.

- grands problèmes, environnement (tempêtes, inondations)

- devoir investir beaucoup, se protéger

- mais technologies merveilleuses: autos sans pollution, robots pour travail à la maison

- savoir guérir maladies, vivre grand âge en bonne santé

- apprendre vivre ensemble – paix

- utiliser ressources, manière intelligente et juste

- plus de faim, guerres

Au travail:

- capacité (très importante) de relier les connaissances, chercher et appliquer les informations

- l'aptitude à la communication et au travail en équipe/en réseau

- besoin de créativité, d'ouverture d'esprit

- nouvelles méthodes de gestion pour les ressources humaines

- plus de satisfaction au travail? – les efforts seront reconnus et permettront de progresser dans sa carrière

4 It is worth checking the recording of your own presentation for the following points:

- Have you used the correct future stem for each verb, and the correct future ending to agree with the subject of each verb?

- Have you made sure that adjectives and past participles agree with the nouns they relate to? This may change their sound, e.g. *grand* [ɡʀɑ̃] becomes *grande* [ɡʀɑ̃d] in the feminine.

- How accurate is your pronunciation of any new words you are using? The French–English section of your dictionary will show up any unusually tricky pronunciations in phonetic characters (e.g. *août* as [ut]).

Activité 81

The quizz in this activity contains its own feedback.

Activité 82

2 Les facteurs mentionnés par ce cadre sont le dialogue et la concertation (qui contribuent à la qualité de vie au travail et évitent le conflit).

Activité 83

1 This extract is reproduced in the Transcript Booklet.

2 (a) • 'Je dirai seulement que…'
   • 'la première place, c'est celle de…'
   • 'je puis vous assurer que…'
   • 'ça aussi, ça…'
   • 'vraiment'
   • 'tout à fait'

(b) 'donc', 'et pour moi', 'car', 'et ainsi'

(c) Dans cette entreprise, le principe qui domine, c'est celui du dialogue et de la concertation: on essaie de créer de bonnes relations et de travailler dans l'harmonie.

(d) Dans les autres entreprises où il a travaillé les relations sociales n'étaient pas aussi bonnes: il n'y avait pas de dialogue, et des conflits tout le temps.

Activité 84

2 (a) étendre (*paragraph 1*)

(b) adhérents (*paragraph 2*)

(c) délégués du personnel (*paragraph 2*)

(d) qui en sont privés (*paragraph 3*)

(e) interroge (*paragraph 4*)

(f) qui les font aboutir (*paragraph 4*)

(g) à travers leur acte d'adhésion (*paragraph 5*)

(h) participer à leur devenir (*paragraph 5*)

(i) elle se bat (*paragraph 5*)

(j) efficace (*paragraph 6*)

(k) vous avez toute votre place (*paragraph 6*)

(l) juridique (*paragraph 8*)

(m) soutien (*paragraph 8*)

(n) cotisations (*paragraph 9*)

(o) un militant (*paragraph 10*)

3 Here are examples of how you could have explained the content of these paragraphs.

(a) La CFDT essaie de réduire les divisions, donc d'encourager la fraternité, entre les personnes qui ont du travail et les gens qui n'en ont pas, entre les différentes sortes d'employés, et entre les jeunes et les plus âgés.

(b) La CFDT donne aux employés la possibilité d'avoir une influence sur leur avenir individuel et sur l'avenir des travailleurs en général. Elle défend la dignité des individus, les droits de l'homme et les libertés des travailleurs.

(c) Les adhérents reçoivent des informations, il ont droit à la défense devant les tribunaux, et s'ils sont en grève, ils reçoivent de l'aide.

Activité 85

You will have expressed your own views, but here is just one example of what you might have written.

> À mon avis, il est important d'avoir droit à l'information, car si on est bien informé on peut participer plus efficacement à la vie de l'entreprise et à la vie syndicale. J'estime également qu'une défense juridique est quelquefois essentielle. Finalement, avoir un soutien pendant qu'on est en grève, c'est indispensable.

Activité 86

1   The answer will become clear in step 2.

2   The following statements are correct.

(b) (*'… on a beaucoup de malades et on n'est pas beaucoup au niveau personnel*.'* – *'Certains jours, c'est vrai qu'on a l'impression de [...] faire la course contre la montre. On, on court après les soins puisqu'on a tellement de travail…'* – *'… on a l'impression de "mal travailler" entre guillemets.'*)

* In this sentence the word *personnel* is the noun (meaning 'staff'), not the adjective (meaning 'personal'); she is stating that staffing levels are inadequate.

(e) (*'Et ça gâche la relation avec le malade. Si on est peu d'infirmières [...] on va faire les soins techniques, mais le côté relationnel sera un petit peu délaissé.'* – *'… le côté relationnel passe à côté.'*)

(f) (*… on nous dégoûte un petit peu de la profession. Enfin, c'est un beau métier, mais on nous dégoûte dans la mesure où il faut toujours courir…*)

If you listen again to the extract or else check the transcript you will see there is no indication or evidence of (a), (c) and (d) being correct.

Activité 87

2   (a) intérimaire *(paragraph 1)*

(b) recueilli *(paragraph 1)*

(c) fourni *(paragraph 1)*

(d) soutenues *(paragraph 1)*

(e) élus *(paragraph 1)*

(f) non pourvu *(paragraph 2)*

(g) aide-soignante *(paragraph 2)*

(h) validé *(paragraph 2)*

(i) injures *(paragraph 2)*

(j) sont à bout *(paragraph 3)*

(k) somnifères *(paragraph 3)*

(l) dépêché *(paragraph 4)*

(m) enquête *(paragraph 4)*

3   (a) Elles demandaient un directeur intérimaire en attendant des négociations.

(b) Elles avaient de gros problèmes avec le directeur. Il y avait beaucoup de tensions, de suspicion, de vexations, d'injustice; il a injurié aussi les membres du syndicat.

(c) Son rôle devait être d'encourager les salariées, mais elles se sentaient constamment insécurisées, contrôlées, critiquées et surveillées.

(d) Elles souffraient beaucoup: elles ne pouvaient pas travailler, et certaines d'entre elles prenaient des antidépresseurs, des somnifères, et parlaient tout le temps de l'hôpital, c'est-à-dire des problèmes qu'elles y avaient.

4 In our opinion the appropriate adjectives are *insensé, brutal, abusif, destructeur, menaçant*.

5 (a) Les commerçants de la ville semblent avoir éprouvé beaucoup de sympathie pour elles, puisqu'ils ont apporté des repas et des croissants; les élus locaux aussi, qui les ont soutenues; et le médecin interviewé, qui a compris qu'elles 'étaient à bout', que leur dignité humaine était en cause, et que l'attitude de la direction était exceptionnellement négative.

(b) En réalité, la solution (iii) a été adoptée: le directeur a été rapidement suspendu de ses fonctions.

6 Two model presentations are provided as Extract 42 on the CD and in the Transcript Booklet.

Activité 88

Extract 43 is given on the CD and in the Transcript Booklet.

Activité 89

2 (a) Les réponses à ses lettres étaient toutes négatives, mais sans aucune explication.

(b) Les soucis d'argent (comment payer les crédits de la maison? comment permettre au fils de continuer ses études?), les indemnités qui diminuaient de 17% tous les trois mois, et la perspective menaçante d'avoir le RMI comme seule ressource pour la famille; en plus la peur de ne plus jamais travailler, vu son âge.

(c) L'histoire finit bien: le chômeur retrouve un emploi. Et la famille est solidaire: l'épouse, qui a aussi perdu son emploi pendant la deuxième période de chômage de son mari, le soutient moralement.

3 (a) entretien d'embauche

(b) pas une once de

(c) correspond parfaitement à mon profil

(d) des hauts et des bas

(e) a dû déposer son bilan

(f) j'ai été licencié

(g) d'autant que

(h) je n'étais plus convoqué

4 (a) sans qu'on sache pourquoi

(b) je me suis cramponné

(c) ne m'a rien apporté

(d) volait déjà de ses propres ailes

(e) tu as du mal à

(f) vivre au ralenti

(g) j'ai foncé

Activité 90

2 (a) (vii), (b) (xii), (c) (xiv), (d) (ix), (e) (ii), (f) (xi), (g) (i), (h) (xiii), (i) (iii), (j) (iv), (k) (x), (l) (v), (m) (viii), (n) (vi)

3 (a) Inexact. Les entreprises quittaient le quartier. (*… pour stopper l'exode des entreprises…*)

(b) Inexact. C'était un 'pari'. (*Un pari de la municipalité précédente…*)

(c) Exact. Avant il cassait des vitrines pour protester; maintenant il travaille. ('... *Moi aussi j'ai évolué.*')

(d) Inexact. Les gens du quartier sont fiers du centre commercial. ('... *c'est une goutte d'eau [...] mais les gens considèrent le site comme une oasis dans le désert et ils en sont fiers.*')

(e) Exact. Les gens n'ont pas toujours les qualifications requises. (... *Mais 'les gens ne disposent pas toujours des qualifications requises...*')

(f) Inexact. Personne ne voulait le faire. ('... *je n'ai trouvé aucun volontaire*'...)

(g) Exact. (*Donner le goût de l'effort et la possibilité de trouver un travail, c'est justement la raison d'être de l'École de la deuxième chance...*)

(h) Inexact. Un nouvel axe de développement apparaît. (*Les promoteurs immobiliers [...] commencent à investir le terrain pour y construire des bureaux et des logements.*)

Activité 91

1 There are a lot of cognates and related words with shifts of meaning or standard spelling variations in this portion of text (as well as the odd *faux ami*!). We have listed them here along with their English meanings in this context.

encouragements encouragement(s)

critiques criticisms

constructives constructive

menaces threats (via 'menaces')

impossible impossible

conditions conditions

raconte relates (via 'recounts')

infirmier, infirmière nurse

quitté left (via 'quit')

hôpital hospital

antidépresseurs antidepressants

somnifères sleeping pills/drugs (via 'somniferous/somnific')

explique explains

alarmé alarmed

virulence bitterness, intensity ('virulence')

conflit conflict

ministère ministry

dépêché sent ('despatched')

(sur) place (on the) spot ('place')

mission team ('mission')

Inspection inspectorate

générale general

affaires matters ('affairs')

sanitaires health ('sanitary')

sociales social

poursuit is continuing ('pursues')

enquête investigation ('inquest')

2 (a) farm

(b) benefit/allowance

(c) contribution

(d) lecture/talk – lecture theatre (NB *lecture* in French = 'reading' in English)

(e) (*poser sa candidature pour un poste*) to apply for a job

(f) form

(g) (*avoir du pain sur la planche*) to have one's work cut out

(h) elbow grease

(i) (*acheter quelque chose pour une bouchée de pain*) to buy something for a song/for next to nothing

(j) overdrawn (not 'covered')

(k) (*avoir le coup de foudre*) to fall in love at first sight

Activité 92

2 (a) Le mot 'bis' a deux sens: quelque chose qui est répété (prononcé [bis]), et une couleur entre le gris et le brun ([bi]). 'Pain bis' [pɛ̃bi] est le nom d'une variété de pain (de couleur plus foncée parce qu'il contient du son), mais ici 'Pain Bis' [pɛ̃bis] signifie que le pain a une deuxième utilisation.

(b) De 1 à 2 tonnes.

(c) Il vient des grandes surfaces (supermarchés), des particuliers, et des écoles et collèges.

(d) Il va entrer dans la fabrication d'aliments pour les animaux.

3 Here is the transcript again, showing all the past participles in bold.

> GILBERT FIORENTINI Ils ramènent donc plusieurs caisses de pain qui sont ensuite **déchargées** ici dans l'atelier, **pesées**... puis **déversées** sur les tables de tri pour être ensuite **triées** et **dispatchées** sur les différents postes de travail, sur les différents îlots, dont le poste de coupe par exemple. Et ensuite, une fois **tranché**, le pain est **placé** dans des clayettes de façon à pouvoir être **séché** ensuite dans notre étuve. Eh bien le... ce pain, une fois **séché**, est **déversé** dans une, une machine que l'on appelle un broyeur et qui permet de faire de la mouture de pain... et cette mouture est **conditionnée** en sacs de 40 kilos pour être ensuite **relivrée** sur Orléans à un fabricant d'aliments pour animaux.

4 • déchargées, pesées, déversées, triées, dispatchées: *agree with the noun* caisses (*feminine plural*);

• tranché, placé, séché, déversé: *agree with the noun* pain (*masculine singular*);

• conditionnée, relivrée: *agree with* mouture (*feminine singular*).

Activité 93

2 (a) Ils permettent aux gens de se rencontrer autrement qu'au travail et de parler d'autre chose, quelquefois de leurs problèmes. Les animateurs peuvent apprendre quels sont leurs problèmes d'une manière naturelle et détendue.

(b) Des conflits, souvent dûs au racisme.

(c) C'est surtout l'insertion des personnes et non pas le recyclage du pain.

(d) Des problèmes de logement, d'argent, des problèmes familiaux ou administratifs, et d'autres problèmes, par exemple d'alcoolisme.

(e) On veut éviter de 'faire à leur place', donc on essaie de rendre les gens autonomes.

3 Here are the five sentences and the speaker in each case.

(a) 'Tout est mis en œuvre...' – Christophe Genestet

(b) 'C'est plus naturel et plus détendu.' – Gilbert Fiorentini

(c) '... nous sommes une association d'insertion...' – Gilbert Fiorentini

(d) 'Ça peut être des problèmes de logement, financiers, familiaux, problèmes administratifs.' – Claire Guyon

(e) 'J'essaye de les aider...' – Claire Guyon

Activité 94

1 Ils ont l'air d'être contents de travailler à Pain Bis (parce que ça les aide à retrouver ce qu'ils ont perdu et à chercher/trouver du travail), et ils semblent tous optimistes. Apollon dit, 'On se remet en place et en forme. Et après on attaque le boulot quoi!' Mohammed pense aussi trouver un emploi (peut-être même avant la fin de son contrat). Et Salem, enfin, espère avoir de la chance.

2 Il parlait très mal le français. Mais il a suivi des cours pendant son contrat à Pain Bis, il a bien trouvé un emploi, et il y travaillait toujours au moment des interviews.

3 Pour lui l'important, c'est le côté humain. Et quand quelqu'un sort de Pain Bis avec un emploi ou une formation, bien sûr, c'est très valorisant pour Christophe et ses collègues et ça leur donne une grande satisfaction.

Activité 95

A model presentation appears as Extract 44 on the CD and in the Transcript Booklet.

Activité 96

2 (a) C'est une communauté multiraciale. Ce n'est pas un quartier très prospère.

(b) L'ambiance semble très détendue. Les clients de l'association, comme les responsables, donnent l'impression d'être comme chez eux à SOS ça bouge.

(c) Des renseignements, des conseils et entretiens, de la documentation, des ordinateurs.

Activité 97

Here are some basic notes on these points.

1 un groupe de jeunes

2 des activités – culturelles, sociales, de loisir

3 occuper les gens, éviter des débordements et des problèmes

4 des vacances, des sorties, des visites de monuments

Activité 98

Elle aide les jeunes à faire leurs devoirs; elle organise une fête de quartier.

Activité 99

1 (a) aider des personnes en difficulté, dans un milieu défavorisé; l'intégration; la lutte contre l'exclusion

(b) impossibilité pour les jeunes défavorisés de prendre des vacances; toxicomanie

(c) l'emploi est le but le plus important aujourd'hui

(d) difficulté des gens d'origine immigrée, par exemple, à comprendre le courrier administratif rédigé en français

(e) on essaie d'aider les gens à réaliser leurs propres projets, d'une manière autonome

Activité 100

1. L'homme est venu consulter les annonces dans les journaux, parce qu'il cherche un emploi; la jeune fille veut faire préparer un CV. Elle apprécie non seulement le matériel qu'il y a au centre, mais aussi la qualité des conseils.

2. L'homme est du quartier: il connaît l'association depuis ses débuts. La jeune fille en a entendu parler par sa cousine, qui habite à Bondy même.

3. Un petit 'speech', pour montrer qu'on est vraiment motivé et 'dans le coup'.

Activité 101

2. (a) Les publics sont variés, mais ils sont généralement en difficulté et les autres formations ne correspondent pas à leurs besoins.

   (b) Les formations sont individualisées, et attractives parce qu'elles utilisent les nouvelles technologies.

   (c) C'est une action de lutte contre l'illettrisme.

Activité 102

2. Your answers could include details such as these.

   (a) Je m'appelle… Je suis né(e)… J'habite… Je suis célibataire/marié(e)/divorcé(e)/veuf (veuve) [etc.]. Je suis [métier]. J'aime…

   (b) Je suis un(e) optimiste, j'aime beaucoup aider les autres, et je crois que je sais bien écouter. Mais je ne suis pas très bien organisé(e)! Et je dois faire un grand effort pour être plus patient(e).

3. Here is a simple model dialogue. You may have used a wider range of words and expressions.

   STANDARDISTE   Dynama, bonjour.

   DEMANDEUR D'EMPLOI   Bonjour. Je voudrais obtenir de la documentation sur le poste de Responsable Marketing et un dossier de candidature.

   STANDARDISTE   Mais bien sûr. Je vais vous envoyer une documentation complète et le dossier. Vous voulez bien me donner vos coordonnées, s'il vous plaît?

   DEMANDEUR D'EMPLOI   Alors, mon nom de famille, c'est…

Activité 103

2. Here is a more accurate version of the notes, with corrections shown in bold.

   Aspect le plus satisfaisant de leur travail?

   - Farid: rendre service à des personnes **en difficulté** – apporter **une petite lueur d'espoir** dans la masse de difficultés.

- Dalia: quand les gens disent qu'ils ont **trouvé du travail** grâce à nous.

L'avenir de l'association?

- Sidi: souhaite que d'autres générations fassent autant de projets pour **les jeunes et les enfants** du quartier.

- Dalia: plus d'espace – un espace privilégié pour les **parents**, surtout.

- Farid: optimiste – exister **aussi longtemps que possible** pour répondre aux besoins de notre public.

Activité 104

Here is one possible report.

SOS ça bouge est une association de quartier dans un milieu défavorisé: la ville de Bondy, au nord de Paris. L'association a été créée en 1985 par un groupe de jeunes. Ils voulaient organiser des activités culturelles, sociales et de loisir (vacances, sorties, visites à des monuments, etc.), pour occuper les gens, dans un cadre de vie difficile où il pouvait y avoir un risque de problèmes.

Aujourd'hui, les buts de l'association sont surtout d'aider les personnes en difficulté et de combattre l'exclusion. Aider des gens à trouver un emploi, c'est un des buts primordiaux.

Pourtant, SOS ça bouge organise toujours des activités pour les jeunes, et pour tous les gens du quartier: il y a un centre de loisirs, où on aide les jeunes à faire leurs devoirs; il y a une fête de quartier avec un défilé et de la musique; et actuellement un projet de séjour au ski, dans lequel les jeunes font des petits boulots à Noël pour pouvoir partir aux sports d'hiver.

Il y a aussi, maintenant, un 'Point Info' où les gens peuvent se renseigner sur la santé, l'emploi, la formation et les loisirs. On aide les gens également à préparer un CV d'une manière professionnelle, à bien écrire une lettre et téléphoner pour chercher un emploi, et à s'en sortir avec les problèmes administratifs. C'est important parce que beaucoup d'habitants dans le quartier sont des immigrés et ne maîtrisent pas très bien le français. En plus, il y a un centre Multimédia Formation où on propose des formations variées qui utilisent les nouvelles technologies. On essaie surtout d'aider les gens à s'aider eux-mêmes, et à réaliser leurs propres projets d'une manière autonome.

Activité 105

A model presentation appears as Extract 45 on the CD and in the Transcript Booklet.

Activité 106

1 Autrefois, Nantes était un grand port, et on a commencé par produire des biscuits de mer.

2 En 1933.

3 70%.

4 Téléviseur, radio, ordinateur.

5 Au XIXe siècle – ou même avant.

6 On a combiné 'ballade' (chanson) et 'balade' (promenade).

7 'Bio' signifie *organic*, et 'malbouffe' *junk food*.

8 Elles produisent de l'électricité et du gaz, respectivement.

9 'SMIC' correspond à 'salaire minimum interprofessionnel de croissance' et 'CDD' à 'contrat de durée déterminée'.

10 'Paperasserie' signifie *red tape* ou *paperwork*.

11 (Par exemple:) 'Je vous prie d'agréer, Monsieur/Messieurs, l'expression de mes sentiments distingués.' Il y a plusieurs formules possibles.

12 Son PC et son portable.

13 'Bosser' signifie 'travailler'.

14 Claude, le vigneron.

15 Colette, l'éclusière.

16 Thomas.

17 Médina, l'étudiante.

18 Kamel.

19 L'expression 'faire la grève' vient d'un endroit à Paris, la place de Grève (lieu de divertissement, mais aussi des executions de la Révolution), où allaient les gens qui cherchaient un travail.

20 *Job interview*.

21 (Par exemple:) actuellement, allocation, amphithéâtre, exploitation, participation.

22 'PDG' (président-directeur géneral) signifie *managing director* ou *chief executive officer*.

23 Pain bis, c'est le nom d'une sorte de pain, mais 'bis' signifie aussi que le pain est utilisé deux fois.

Index of items taught

Page numbers in **bold** refer to teaching text, others refer to activities.